エッセネ派の平和福音書

全四巻合本

エドモンド・ボルドー・セーケイ
辻谷瑞穂 訳

The Essene Gospel of Peace

The Complete 4 Books in One Volume

by Edmond Bordeaux Szekely

ナチュラルスピリット

真実と偽りのスピリット。
人の心のなかでの葛藤
光の源泉から生まれ出でた真実、
闇の井戸からいずる偽り。
そして、真実を受け継いでいる人であれば
すべからく闇を避けることになろう。
「死海文書」の「共同体の規則」より

まえがき

「人の子」が人類に道を、真実を、そして人生を説いてから、約二千年が過ぎました。キリストは、病める者には健康を、教育のない者には知恵を、憂《うれ》う者には幸福をもたらしました。

その言葉は半ば忘れ去られ、語られてから数世代後になるまで散逸していました。キリストの言葉は誤った意味に受けとられ、誤った注釈をつけられ、何百回と改訂され、何百回と形を変えてきましたが、それでもその言葉は約二千年を生き延びてきたのです。

今日の新約聖書に綴られるその言葉は恐ろしく多面的になり、ゆがめられてはいるものの、それでもその言葉は人類の半数の心を捉え、西洋文明全体に影響を及ぼしています。この事実は、マスターの言葉が永遠のものであり、究極的な価値をもち、比類なきものであることを物語っています。

この本の完全な写本には、バチカン公文書館に存在するアラム語による写本と、現在はオーストリア政府が所有するハプスブルク宮廷図書館にある古スラブ語によるものがあり、本書の内容は約三分の一に相当します。

両言語による版が存在するのは、ネストリウス派の司祭たちがチンギス・カンの侵攻によって西へと逃れざるを得なくなった際、経典やイコンを残らず運んで行ってくれたおかげです。

古代のアラム語のテキストの日付は紀元三世紀にまでさかのぼり、古スラブ語版はアラム語版を逐語訳したものです。このテキストがパレスチナから内陸アジアへわたり、ネストリウス派の司祭たちの手にわたったルートを、考古学はまだ再現できていません。

このテキストに付け加えるべきものは何もありません。自ら語るに任せましょう。この後に続くページを学ぼうと集中して読み進める者は、人類が現在、かつてないほど緊急に必要としている深遠な真理の永続的な生命力と、力強い印を感じ取ることでしょう。

「そして、真理は自らその証人となるでしょう」

エドモンド・ボルドー・セーケイ

一九三七年、ロンドン

彼らはヒーラーを遣わしました。そのひとりがエッセネ派のイエスです。イエスは病める者や悩んでいる者たちとともに歩み、自らをいたわることとそのための知識を授けました。イエスの随行者たちは、イエスと重圧に苦しむ者たちとの間でのやりとりを書き留めています。同胞団の年長者たちは詩を書き、「人々のヒーラー」「善き羊飼い」という忘れられない物語を綴りました。そしてついに同胞団が砂漠を去るときが訪れ、巻物があとに残されました。永遠に生きつづける真実の埋められた見張り番として、忘れられた守護者として。

闇の時代が始まりました。それは未開で、野蛮で、焚書《ふんしょ》をし、空虚な偶像を盲信し崇拝する時代です。慈悲深いイエスは磔《はりつけ》にされた神の似姿となって永遠に消えてしまい、エッセネ派の同胞たちは末裔《まつえい》のために、若干名の心にだけ自分たちの教義を隠し、癒やしの巻物は、砂漠のうつろいゆく影の下に忘れ去られたままとなったのです。

エッセネ派の平和の福音書の発見　エドモンド・ボルドー・セーケイ

目次

エッセネ派の平和福音書

全四巻合本

三世紀のアラム語による写本と古スラブ語の原本を

エドモンド・ボルドー・セーケイが対照、編集、翻訳

第1巻：エッセネ派の平和福音書

第2巻：エッセネ派の知られざる書

第3巻：エッセネ派同胞団の失われた巻物

第4巻：選民の教え

エッセネ派の平和福音書

第一巻

エッセネ派の平和福音書

Book One

The Essene Gospel of Peace

エッセネ派の平和福音書

そしてまた、病める者や身体の不自由な者たちがイエスのもとに大勢やってきて、こうたずねます。「あなたが何もかもをご存知なのであれば教えてください。なぜ私たちは、耐えがたい病に悩まされているのでしょうか。なぜ私たちは、ほかの人たちのように健やかではないのでしょうか。主よ、私たちを癒やしてください、私たちも丈夫な身体になりますよう、こんな惨めな状態にこれ以上がまんする必要のないように。あなたがどんな病をも癒やす力を秘めていることを私たちは知っています。私たちをサタンから、サタンによる大いなる苦悩のすべてから解放してください。主よ、私たちに哀れみを」

するとイエスは答えました。「あなた方が真実に飢えているのであれば、あなた方は幸せです。私が知恵というパンで満たすからです。あなた方がドアをたたくのであれば、あなた方は幸せです。私が人生というドアを開くからです。サタンの力を振り払おうとするのであれば、あなた方は幸せです。私があなた方を私たちの母に仕える天使の王国に導き、そこにサタンの力は及ばないからです」

するとその者たちは驚いてたずねました。「私たちの母とは誰で、その天使とはどちらにいるのでしょう。それに、その王国はどこにあるのですか」

「あなた方の母はあなた方のなかにいて、あなた方はその母のなかにいます。その母があなた方を産み、あなた方に生命を授けたのです。あなた方はかつて母から授かったその肉体をいつかは彼女に返すことになるのです。母と母の王国を知り、あなた方の母に仕える天使たちを受け入れ、母の約束事に従えば、あなた方は幸せです。真《まこと》にあなた方に告げます。そのそれぞれを行った人は、決して病気などしないでしょう。私たちの母の力はすべてを超越しているからです。その力はサタンとその王国を破滅させ、あなた方の身体はもちろん、生きとし生けるもの全体を支配しています」

「私たちの身体を流れる血液は、大地なる母の血液から生まれています。その血液は雲から降ってきて、大地の内部から跳ね上がり、山々のせせらぎとなって音をたて、川の中では平野をゆったりと流れ、湖で眠り、荒れた海で激しく暴れます」

「私たちが呼吸する空気は、大地なる母の呼吸から生まれています。その呼吸は天の高さにあっては青い色をし、山々の頂上でヒューヒューと音を立て、森の葉の間でささやき、トウモロコシ畑を波立たせ、深い渓谷で一休みし、砂漠でかっと燃えます」

「私たちの骨の硬さは、大地なる母の骨から、岩から、石から生まれています。それは山々の頂上の天に向かってむき出しでたたずみ、山々の斜面に横たわって眠る巨人のようであり、砂漠に置かれた偶像のようであり、大地の深いところに隠されています」

「私たちの肉の柔らかさは、大地なる母の肉から生まれ、その肉は木々の実を黄色や赤に染め、畑の畝で私たちを育みます」

「私たちの腸《はらわた》は、大地なる母の腸から生まれ、大地の深いところのように、私たちの目からは見えません」

「私たちの目の光と、私たちの耳の聴覚はいずれも、私たちを取り囲む大地なる母の色と音から生まれています。魚が波に、鳥が空気に取り囲まれているように」

「真《まこと》にあなた方に告げます、人は大地なる母の子であり、人の子はその母の胎に赤児の体をもって宿るとともに、大地なる母から完璧な肉体を授かっているのです。真に、あなた方は大地なる母とひとつであり、母はあなたのなかにいて、あなたは母のなかにいます。この母からあなた方は産まれたのであり、母のなかにあなた方は生きていて、再びまた母へとあなた方は戻っていきます。ですから、母の約束事を守るのです。大地なる母に敬意を払い、その約束事に従う者以外、誰ひとりとして長生きすることはできず、幸せでもないからです。あなた方が呼吸は母の呼吸であり、あなた方の血液は母の血液であり、あなた方の肉のためにあるのが母の肉であり、あなた方の腸は母の腸であり、あなた方の目や耳のためにあるのがは母の目や耳なのです」

「真にあなた方に告げます、万一、あなた方がありとあらゆるその約束事のわずかひとつでも守らなかったり、あなたの身体を形作っているあらゆる要素のうちわずかひとつでも傷つけたりすれば、あなた方は耐えがたい病から逃れられなくなり、涙にくれ、悔しさに歯をきしませることでしょう。あなた方に告げます、あなた方が母の約束事に従わないかぎり、決して死を免れることはできません。母の法をしっかりと守る者を、母はしっかりと守ってくれるのです。母はどんな病も癒やしてくれ、その者は再び病むことはなくなるでしょう。母のおかげで長生きでき、いかなる苦痛からも、火災からも、水難からも、毒蛇の牙からも守られます。母があなた方を産んだからこそ、あなた方のなかに生命が保たれているのです。あなた方に自らの身体を与えた母だけがあなた方を癒やせるのです。愛する母の懐に抱かれる者は幸せです。たとえ、あなた方が背を向けたときですら、母はあなた方を愛しているからです。ですから、あなた方が再び母の元に戻っていったら、どれほどあなた方への愛が増すことでしょう。真にあなた方に告げます、母の愛はとても偉大です。どれほど大きな山よりも大きく、どれほど深い海よりも深い愛です。ですから、自らの母を愛する者たちを母が見捨てることなど決してありません。雌鶏がそのひよこを守るように、雌ライオンがその幼子を守るように、人間の母親が赤ん坊を守るように、大地なる母はあらゆる危険、あらゆる害のあるものから人の子を守るのです」

「真にあなた方に告げます、害のあるものや危険なものが、数えきれないほど人の子を待ち構えています。全悪魔の主であり、諸悪の根源であるベルゼブブ（ベルゼバブ）は、人の子みなの身体にいて待ち構えています。ベルゼブブは死であり、ありとある疫病の主であり、感じのよい衣装をまとって人の子らを誘惑しておびき寄せるのです。ベルゼブブは富を約束します。権力も、立派な宮殿も、金銀の衣装も、多くの使用人も、どんなものも全部です。また、名声も名誉も与えられ、情交やみだらな行為を許され、好きなだけ食べ、酒を浴びるように飲み、わがままで無精で働きもせずに日々すごせますよと約束します。さらには、最もなびきそうなものでみなをそそのかします。人類が虚栄心と非道な行為の奴隷と化してしまった日には、その報酬として人類から、大地なる母がたっぷりと与えてくれたあらゆる恵みを根こそぎ奪いとろうとするのです。ベルゼブブは人類が呼吸できないようにし、血液、骨、肉、腸、目と耳を奪います。人の子の呼吸は短く息が詰まるようになり、苦痛と不快な悪臭に満ち、まるで不浄の獣の息のようになるでしょう。さらに血液は沼地の水のようにドロドロになり不快な悪臭を放つうえに、凝固して死の闇のように黒ずんでしまいます。骨は固くこわばり、岩めがけて落ちた石のようにバラバラと砕けて体内で溶け落ちます。その肉には脂肪が擦り込まれてふやけて腐敗し、かさぶたになったり醜く膿を含んだできものになったりします。さらに腸には不快な老廃物が充満してヘドロのように流れ、そのなかでウジ虫が巣くっています。その目はかすんでいって闇夜に飲み込まれ、耳はふさがれ墓地のなかにいるように音がなくなります。そしてついには、その罪深い人の子は命を落とすのです。母の約束事を守らず、罪に罪を重ねていったためです。それゆえに、大地なる母からの贈り物である呼吸、血液、骨、肉、腸、目、耳が損なわれていき、ついには、大地なる母がその人の身体に授けた生命までも失うのです」

「しかし、その罪深い人の子が自らの罪を悔いてこれを償い、また大地なる母の元に戻るというのであれば、そしてさらに、その大地なる母の約束事を守って、サタンの誘惑に負けずその支配から解放されるというのであれば、大地なる母は再びその罪深い子を愛をもって受け入れ、自らに仕える天使を遣わします。真にあなた方に告げます、人の子が自らのなかのサタンに抵抗し、その意識に逆らおうとするとき、母に仕える天使たちがそこにいて、子のために全力で働き、人の子をサタンの力から完全に引き離してくれるでしょう」

「同時に二人の主人に仕えることができる人はおらず、同じようにベルゼブブとその悪鬼どもに仕えるか、大地なる母とその天使たちに仕えるかのいずれかしかありません。つまり死に仕えるか、生に仕えるかのいずれかになるということです。真にあなた方に告げます、生命の約束事に従い、死の道に迷いこまない人は幸せです。そういう人たちがもつ生命力は強化されて、死という災厄を免れるからです」

イエスの周りの者たちは、みな驚いた様子でその言葉に聞き入っていました。イエスの言葉には力があり、聖職者や律法書士よりもはるかに賢明なことを教えてくれていました。

日はすでに沈んでいましたが、誰ひとり家路につこうとする者はいませんでした。みなイエスを取り巻くように座り、たずねました。「主よ、生命の約束事とはどういったものですか。もうしばらくゆっくりとなさって、私たちをご指導ください。癒やされ、高潔な人間になれるよう、あなたさまの教えに耳を傾けていようと思います」

するとイエスは、みなの中心に腰を下ろしてこう言いました。「真《まこと》にあなた方に告げます、幸せになれる人はいないのです、その法を守らなければ」

すると周りの者たちが答えました。「私たちはみな、立法者であるモーセの律法を守っていますし、これは聖書にも書かれています」

イエスは答えました。「求めるべきは、あなた方の聖書に書かれた法ではありません。法とは生命であり、聖句は生命を失っています。真にあなた方に告げます、モーセの神の法は書かれた言葉ではなく、生きた言葉によってもたらされたものです。法とは、生きている人々のために生きている預言者にもたらされた、生きている神の生きた言葉です。万事において、法は生命に書き込まれています。草木を、山や川を、天を舞う鳥たちを、海を泳ぐ魚たちを見て、それを知るでしょうが、とりわけあなたのなかにこそそれを求めるのです。真にあなた方に告げます、生きとし生けるものは生命のない聖書よりも神に近いからです。神は生命を、生きとし生けるものを、人に真の法を教えてくれる不滅の言葉としてお創りになったのです。神は約束事を本のページにではなく、あなたの心《ハート》とスピリットにお書きになったのです。あなたの呼吸、血液、骨、肉、腸、目、耳のほか、身体の隅々に備わっています。また、空気、水、地面、植物、日光、深いところ、高いところに存在します。そしてあなたに対して〝あなたは生きている神のお言葉とご意思を理解するでしょう〟と話しています。しかしあなたは何も見まいと目を閉じ、何も聞くまいと耳をふさぎます。真にあなた方に告げます、聖書は人の手によって作られたものですが、生命とそれが宿る器は、神がお創りになっているものだということです。なぜあなた方は、神の作品に書かれた神の言葉に耳を傾けないのでしょうか。そしてなぜあなた方は、人の手によって作られた死んだ言葉を学ぶのでしょうか」

人々はたずねました。「私たちが神の約束事を読みとれるものは、聖書以外のどこにあるでしょうか。どこに書かれているというのでしょうか。あなたさまが見えるという、その書かれたものを私たちに読み聞かせてください。私たちは先祖から受け継いだ聖書以外には何も知らないのです。あなたさまの言う、それを聞けば私たちが癒やされ、罪を許されるという、その約束事を私たちに教えてください」

イエスはこう言いました。「あなた方は生命の言葉を理解していません。あなた方は死んでいるも同然だからです。あなた方の視力は闇に奪われ、あなた方の耳は音に応じず、働きを失っています。つまり、あなた方の行いによって、あなた方に聖書を与えたその者を否定するのであれば、死んだ聖書を熱心に読んだところで何らあなた方の役には立たないのです。真にあなた方に告げます、神との約束事はあなた方の行いのなかにはありません。好きなだけ食べたり酒を浴びるように飲んだりすることにも、放縦な生活や強欲さにも、富の追求にも、敵に対する嫌悪にもありません。そういったものはみな、真の神からも、天使たちからもかけ離れています。そのいずれもが闇の王国、諸悪の王に由来するものだからです。さらに、それがあなた方自身に取り込まれてしまえば、神のお言葉と力があなた方のなかに入らなくなります。ありとあらゆる悪と非道があなた方の身体やスピリットに棲みつくからです。生きている神のお言葉と力があなたのなかに入ってくるように意図すれば、あなた方の身体もスピリットも汚れることはありません。身体はスピリットの神殿であり、スピリットは神の神殿だからです。そのために、主が宿るに値する場所と見なされるよう、神殿を浄めなさい」

「あなた方の身体とスピリットの衝動、サタンに由来する衝動から抜け出て、天国の陰に入りなさい」

「あなた方自身を取り戻し、断食をしなさい。真にあなた方に告げます、サタンとその疫病を追放する手段は断食と祈りしかないということです。自ら判断し、独りで断食をしなさい。断食している姿は誰にも見せません。生きた神がそれを見て、すばらしい褒美を与えてくれるでしょう。ベルゼブブとその諸悪があなたの中から立ち去るまで断食すれば、大地なる母の天使たちがあなたのところにやってきて、あなたのために尽くしてくれます。真にあなた方に告げます。断食をしなければ、サタンの力からも、サタンに由来するいかなる病からも解放されることは決してありません。断食し、熱心に祈り、生きている神のお力により癒やされるようにと求めるのです。断食をしている間は人の子らから離れて、大地なる母に仕える天使たちを求めなさい。求めれば見つかるのです」

「森や、野原の新鮮な空気を求めなさい。そのただなかにいると、空気の天使の存在を知るでしょう。靴も衣服も脱いで、空気の天使に身を委ねて、自分を丸ごと包み込んでもらうのです。そして、空気の天使があなた方のなかにもたらされるよう、長い深呼吸をします。真にあなた方に告げます、空気の天使はあなた方の身体から、その身体の外側も内側も汚す不浄物を残らず追い出してくれます。すると不快な悪臭と汚れがあなた方の身体から生じ、そのとき煙が渦を巻いて立ち昇るように空気の海のなかへと消えてしまいます。真にあなた方に告げます、神聖な存在とは空気の天使であり、あらゆる不浄なものを浄化し、不快な悪臭を残らず甘い香りに変えます。空気の天使が許さなければ、神の面前へと進み出ることは誰にもできません。本当のところ、いかなる者も、空気によって、真実によって生を受けなおさなければなりません。あなた方の身体が大地なる母の空気を吸い、あなたのスピリットが天なる父の真実において呼吸するためです」

「空気の天使のあとは、水の天使を求めなさい。靴も衣服も脱いで、水の天使があなたの全身を包み込むままに任せるのです。天使の腕のなかに自ら飛び込み抱擁してもらいなさい。あなた方が呼吸することによって空気を動かすたびに、あなたの身体が水をも動かしているのです。真にあなた方に告げます、水の天使は、あなた方の身体の外側も内側も汚す不浄物を残らず追い出してくれます。そうすると、ありとある不浄なものや不快な悪臭を放つものがあなた方の中から出てきて、汚れの層が体から流れ去ると同時に、川の流れのなかに消えてしまいます。真にあなた方に告げます、神聖な存在とは水の天使であり、あらゆる不浄なものを浄化し、不快な悪臭を残らず甘い香りに変えるということです。水の天使が許さなければ、神の面前へと進み出ることは誰にもできません。実のところ、いかなる者も、水という、真実という生を受けなおさなければなりません。あなた方の身体は地上での命という川に浴し、あなた方のスピリットは永遠に続く命の川に浴するからです。大地なる母から血液を、天なる父から真実を与えてもらうためです」

「水の天使があなた方を外側だけ包み込めば十分だなどと考えてはいけません。真にあなた方に告げます、内側の不浄物は外側の不浄物よりもはるかに大きいということです。自らの外側を清潔にしていても、内側が不浄なままである人は、見目より飾り立てた墓所のようなものです。その内部はあらゆる不浄と忌わしいものに満ちているのです。ですから、真にあなた方に告げます、過去のあらゆる罪悪から解放されるよう、内側も同じく、陽の光のなかでたわむれる川の泡沫のように純粋になるよう、水の天使があなた方の内側も清めるがままにせさるようにということです」

「ですから、身の丈ほどに茎が伸びた大きなひょうたんを求めなさい。内側の果肉を取り除き、太陽が温めた川の水で満たしなさい。そして木の枝に吊るし、水の天使の前に跪いて、ひょうたんの茎の端をあなた方の臀部《でんぶ》に通させるのです。水があなたの腸をくまなく流れるように。その後、水の天使の前に跪いたまま、生きた神に祈るのです。これまで犯してきたあらゆる罪をゆるしたまえと。そして水の天使に祈るのです。自らの身体を汚れや病から解放してくださいと。その後、身体からあらゆるサタンの不浄で不快な悪臭を放つものを内側からさらって行くよう水を流し出します。そうすればあなた方は、あなたの身体という神殿を汚した忌まわしきものと不浄なもの、そしてあなた方の身体に留まり、あらゆる痛みであなた方を苦しめているすべての罪を、その目で見て、その鼻で嗅ぐでしょう。真にあなた方に告げます、水で清めることにより、あなた方はそのすべてから解放されるということです。断食時には毎日、水で清めるということを繰り返しなさい。あなた方から流れ出る水が、川のあぶくのような清らかさであることを目にする日まで。そして、勢いよく流れる川のなかに身体を入れ、そこで水の天使の腕に抱かれて、生きる者たちの神に、罪から自由にしてくださったことへの感謝の意を示しなさい。そして、水の天使によるこの神聖な洗礼は、新しい生命への再誕です。この時から、あなた方の目と耳が開かれるのです。だから洗礼後はもう罪を犯してはいけません。空気と水の天使は永遠にあなた方のなかにとどまり、永久にあなたのために仕えてくれます」

「その後、何がしかの過去の罪と不浄物が自分の内側に残っているのであれば、陽光の天使を求めなさい。靴も衣服も脱ぎ、全身が陽光の天使に包み込まれるがままにするのです。そして、長い深呼吸をします。陽光の天使が自分のなかに取り込まれるように。陽光の天使はあなた方の身体から、その外側も内側をも汚したあらゆる悪臭を放つ不浄なものを放逐してくれるでしょう。すると、あらゆる汚れて不快な悪臭を放つ物は、夜の闇が登る朝日の輝きに消えゆくと同時に、あなたの体から立ち昇るでしょう。真にあなた方に告げます、不浄物の一切を浄化し、不快な悪臭を放つもの一切を甘い香りにする神聖な存在とは陽光の天使であり、陽光の天使が許さなければ、神の面前へと進み出ることは誰にもできません。本当は、いかなる者も太陽と真実の下に再び生まれなければならないのです。それは、あなた方の身体が大地なる母の日光に当たるためであり、あなた方のスピリットが天なる父の真実の日の光を享受するためです」

「空気の天使と、水の天使と、陽光の天使とは同胞です。この天使たちは人の子に仕えるものとして遣わされ、人の子はいつも彼らの間を行ったり来たりしています」

「同じく神聖なのがその抱擁です。天使たちは大地なる母の子らであり不可分の存在です。ですから、大地と天国がひとつにお創りになった彼らをばらばらにするようなことをしてはいけません。この三人の天使たちに身をゆだねて日々包み込んでもらい、断食の間はずっと、彼らに共にいてもらうのです」

「真にあなた方に告げます、悪魔の力であるあらゆる罪と不浄物は、この三人の天使たちによって抱かれれば、その身体から慌てて出ていくからです。家主が来たと知って、盗人たちが人気のない家から逃げるとき、ひとりはドアに、もうひとりは窓に、三人目は屋根にと各々がいるように、まさに、あらゆる不吉な悪魔、あなたの身体という神殿を汚したあらゆる過去の罪、あらゆる不浄物、そして病も、あなた方の身体から逃げるでしょう。大地なる母に仕える天使たちがあなた方の身体に入ると、そうして神殿の主はそれを取り戻し、あらゆる悪臭はあなた方の息とあなた方の皮膚を通じて、腐った水はあなた方の口とあなた方の皮膚から、あなた方の背中や秘部から、すぐさま出ていきます。そしてあなたはそれを残らずその目でつぶさに見て、その鼻で嗅ぎ、その手で触れるでしょう。そして、あらゆる罪と不浄物とが身体から消えていくと、あなた方の血液は私たちの大地なる母の血液のように純粋に、そして陽の光のなかで戯れる川の泡沫のようになるでしょう。あなた方の呼吸は香しい花たちの息のように、あなた方の肉は木々の葉に赤く映える果実の肉のように、混じり物のないものになり、あなた方の目の輝きは青空に輝く太陽のように明るく澄みわたるでしょう。そして今、大地なる母の天使という天使たちがあなた方に仕えてくれるでしょう。あなた方の息、あなた方の血液、あなた方の肉は、大地なる母の息、血液、そして肉と一体となり、同じく、あなた方のスピリットは、あなた方の天なる父のスピリットと一体となるのです。本当のところ、大地なる母を通じることなくして天なる父のもとにたどり着くことはできません。それはまるで、新生児がその母から乳を与えられ、入浴させられ、あやされ、寝かしつけられ、しつけられるまで、その父の教えを理解することができないのと同じです。子どもがまだ小さいうちは、その子の居場所は母のそばであり、母の言いつけを守らなければなりません。その子が成長すると、父親がその子を職場に連れて行き、仕事の間そばにいさせるため、その子は食事の時間にのみ母のもとに戻ることになります。この時期には父がその子の教育を行い、その子は父親の仕事を身に付けます。そして父は、息子が自分の教えを理解し、よく働いていると判断すれば、全財産を譲って愛する息子に所有させ、息子は父の仕事を継ぐのです。つまりは、母の勧告を受け入れ、その通りにふるまう息子は幸せなのですが、父親の勧告を受け入れ、その通りにふるまう息子は百倍幸せなのです。それは、『汝の日々がこの地上で続くよう、汝の父と母を尊敬しなさい』と言われている通りです。しかし私があなた方、つまり人の子らに言いたいのはこうです。あなた方の日々がこの地上で続くよう、あなた方の大地なる母を尊敬し、その約束事をすべて守りなさい。そして、永遠の命が天であなた方のものとなるよう、あなた方の天なる父をたたえなさい。というのも、天なる父は種と血でつながったどんな父親よりも、大地なる母は身体でつながったどんな母親よりも、百倍も偉大であるからです。天なる父と大地なる母の目に映るその人の子は、種と血でつながった父親と身体でつながった母親の子らよりも大切なのです。あなた方の天なる父と大地なる母の言葉と約束事は、種と血でつながったどんな父親と身体でつながったどんな母親の言葉と意志よりも賢明です。さらに、あなた方の天なる父と大地なる母から受け継いだもの、すなわち地と天の生の永続的な王国は、あなた方の種と血でつながった父親と身体でつながった母親から受け継いだどんなものよりも価値があります」

「そしてあなた方の真の同胞たちはみな、あなた方の天なる父と大地なる母のご意志に従う者たちであり、血でつながった同胞たちではありません。真にあなた方に告げます、天なる父と大地なる母のご意志に従ったあなた方の真の同胞たちは、血でつながった同胞たちより千倍もあなた方を愛するということです。血でつながった兄弟が神のご意志に背いたカインとアベルの時代以降、血のつながりによる真の兄弟の愛というものはなくなってしまいました。同胞たちは互いを他人のように扱っています。ですから言いたいのです。あなた方の血でつながった同胞たちの千倍も神のご意志に従う真の同胞たちを愛しなさいと」

あなた方の天なる父は愛だからです。

あなた方の大地なる母は愛だからです。

人の子は愛だからです。

「天なる父と大地なる母と人の子がひとつになるのは、愛ゆえです。人の子の、スピリットは天なる父のスピリットから、身体は大地なる母の身体から、創造されているからです。ゆえに、完璧になりなさい。天なる父のスピリットと大地なる母の身体とが完璧であるように。そしてあなた方の天なる父を、その天なる父があなた方のスピリットを愛するように愛しなさい。大地なる母を、その大地なる母があなた方の身体を愛するように愛しなさい。そしてあなた方の真の同胞たちを、あなた方の天なる父と大地なる母がその真の同胞たちを愛するように、愛しなさい。そうすれば、あなた方の天なる父はその神聖なスピリットを、大地なる母はその神聖な身体をあなた方に与えてくれるでしょう。そして人の子らは真の同胞たちと同じように互いに愛を、その天なる父と大地なる母から受け取った愛を与え合い、その者たちはみな双方にとっての聖霊となるでしょう。そうすれば、諸悪と悲哀が跡形もなく地上から消え失せ、この地上は愛と喜びに満ちるでしょう。地上は天のようになり、神の王国が訪れるでしょう。そうして人の子が全盛を極め、神の王国を引き継ぎます。人の子らは神聖な継承物、神の王国を分かち合うでしょう。人の子らは天なる父と大地なる母のなかに住み、天なる父と大地なる母は人の子らのなかに住んでいるからです。そして、神の王国は時の終わりと共に到来します。天なる父の愛はみなに、神の王国の永遠の生命を与えるからであり、愛は永遠であるからです。愛は死よりも強いのです」

「私が人の口と天使の口を使って話をしても、そこに愛がなければ、私はただ金管楽器やシンバルのようにけたたましい音を出すだけの存在となります。私が、何がやって来るかを話し、あらゆる秘密、あらゆる叡智を知っていても、また、私が山をも動かすほど強大な嵐のような信念をもっていても、そこに愛がなければ、私は何の価値もありません。私が自分の全所有物を貧しき者たちに与え、私の父から受け取ってきたありったけの熱意を与えても、愛がなければ、私は決して役に立ちません。愛は忍耐強く、愛は親切で、愛はねたんだりせず、悪事をはたらかず、自惚れを知らず、無礼ではなく、利己的でもなく、そう簡単に怒ることもなく、よからぬことを考えることもなく、不正を喜ぶこともなく、ただ正義のみを喜びます。愛はすべてを守り、愛はすべてを信じ、愛はすべてを望み、愛はすべてに耐え、愛自体が枯渇することは決してありませんが、話す言葉はやみ、知識は消え去るものです。私には真の部分も誤った部分もありますが、完全性に満たされたなら部分的なものは消え去るでしょう。人は子どものころには、子どものように話し、子どものように理解し、子どものように思考しますが、一人前の人間になれば子どもっぽさを捨てます。今、私たちは眼鏡を通して、あいまいな言い回しを通して見ているのです。今は部分的に知っていますが、神の御顔の前に出るときには、部分的に知るのではなく、神から教えられたとおりに知ることになります。今でも変わらないのは三つ、すなわち信仰、希望、愛ですが、そのなかで最も偉大なのは愛です」

「そして今、私は生きている神の生きている口で、私たちの天なる父の神聖なスピリットを通じて、あなた方に話しています。あなた方のなかにはまだ、私が話しているこのことを完全に理解できている人はいません。聖典についてあなた方に詳しく説く人は、死んだ人の死んだ口で、病んで死を免れない身体を通じてあなた方に話しています。ですから、どんな人もその人のことを理解することができます。人はみな病んでいて、みな死んでいるも同然だからです。命の光は誰にも見えません。盲人が盲人を罪と病気と苦しみの暗い道に導き、最後には全員が死の淵に落ちるのです」

「私は父によって、あなた方のところに遣わされました。あなた方の目の前で、命の光を輝かせて見せるためです。光はそれ自体と闇とを照らしますが、闇はそれ自体しか知らず、光を知りません。私はまだあなた方にたくさんお話をしますが、あなた方はもうそれには耐えられていません。あなた方の目は闇に慣れているので、天なる父の完全なる光を受けてあなた方の目は見えなくなります。そのため、あなた方はいまだに、あなた方に私をお遣わしになった天なる父について私が話すことを理解できません。ですからまず、私がすでに話したあなた方の大地なる母の約束事だけを守りなさい。その母に仕える天使たちがあなた方の身体を清潔にして新しく生まれ変わらせ、あなた方の目を強くすれば、私たちの天なる父の光にも耐えられるようになるでしょう。日中の太陽の明るさにもひるまずじっと見つめることができれば、天なる父の、目も眩むほどの、太陽の千倍明るい光をも見ることができます。しかし、焼けつくような太陽の輝きにすら耐えることができないのに、どうやって目も眩む天なる父の光を見ることができるのでしょうか。信じてください、太陽は、天なる父の真実のそばにあるロウソクの炎のようなものです。しかし信仰し、希望を持ち、愛しなさい。また、報いを求めてはいけません。あなた方が私の言葉を信じるのであれば、私をお遣わしになったかの方、すなわちわれわれの主――その方がいればあらゆる物事が可能になるその方の存在――も信じていることになります。人には不可能なことが、神であればそのすべてが可能なのです。大地なる母に仕える天使の存在を信じ、その約束事を守るのであれば、その信心があなたを支え、二度と病気に見舞われることはないでしょう。あなた方の天なる父の愛を受けながら希望をもちなさい。彼を信頼する者は、決して欺かれることなく、また死を見ることもないからです」

「お互いを愛しなさい。神は愛であり、神に仕える天使たちはあなた方が父の道を歩んでいることを知っています。そして、天使という天使があなたの前にやってきて、あなたに仕えてくれるでしょう。

あらゆる罪、病、そして不浄物を伴うサタンは、あなたの身体から去るでしょう。さあ、あなたの罪を回避し、自身を悔い改め、自身を清めなさい。生まれ変わって、もう罪を犯さないように」

イエスは立ち上がりました。しかし、ほかの者たちはみな、イエスの言葉の力に感じ入って座ったままです。雲の切れ間から満月が現れ、イエスをその光のなかに包み込みました。イエスの髪から閃光が上がり、月明かりのなか人々に囲まれて立つ姿は、まるで空中に浮いているようでした。誰ひとり身じろぎもせず、声も出しません。どのくらい時間が経ったか誰にもわかりませんでした。時間は止まったようでした。

その後イエスは周囲の者たちに向けて手を伸ばし、こう言いました。「あなた方に平和がありますように」。そして、木々の葉を揺らす風のように去っていきました。

そこにいた人たちは長い間座ったまま、静けさのなかでひとり、またひとりと、まるで長い夢から目が覚めるように我に返るのでした。しかし、立ち去ろうとする者はおらず、残された言葉がずっと耳に鳴り響いているかのようでした。なんとも不思議な音楽を聴いているかのように座っていました。

しかしついに、ある者が少し恐れ入りながらこう言いました。「ここにいることは、なんとすばらしいことか」。別の者は「この夜がずっと続けばよいのに」と言いました。ほかの者たちも「あのお方がいつも私たちとともにいてくれればよいのに」、「まさにあのお方は神の使者です。私たちの心に希望を植え付けてくれました」と口々に言いました。「闇に閉ざされて喜びがない家になど帰らない。誰も私たちを愛してくれない家に、なぜ帰らなければならないのか」と言って、誰ひとりとして家に帰りたいと思う者はいませんでした。

このようなことを言い出したのは、この者たちのほとんどが貧しかったり、足が不自由だったり、目が見えなかったり、身体に障害があったり、物乞いをしていたり、家がなかったり、見下されている人たちで、数日間の避難場所としての家で、哀れにもひたすらに耐えているからです。家も家族もある幾人かですらこう言いました。「私たちもあなたたちと一緒にいましょう」。誰しもが、立ち去ったあのお方の言葉が哀れな仲間たちを見えない糸で結びつけたと感じていたのです。そしてみなが、自分たちは生まれ変わったと感じていました。月が雲に隠れていてもなお輝く世界を眼前にしたのです。そしてみなの心には、すばらしく美しい花、喜びの花が咲いたのです。

地平線からまぶしい太陽の光が差したとき、みなはそれが来るべき神の王国の太陽だと感じました。そして喜びに満ちた表情で、神に会うために出発しました。

そして、汚れて病気を患っていた大勢の者たちがイエスの言葉に従い、小川の土手を探しました。靴と衣服を脱ぎ、断食をし、自らの身体を空気の天使、水の天使、そして陽光の天使に委ねました。大地なる母に仕える天使たちがその者たちを抱擁し、その身体を内側も外側も支配すると、みな自らの身体から諸悪や罪、そして不浄物が急いで去っていくのがわかりました。

吐く息が、腸から放たれるような悪臭となった者もいれば、つばを吐き出した者もいて、不快な悪臭と汚れた嘔吐物が身体の内側から上がってきました。その不浄物はみな口から流れ出ました。鼻から出た者もいれば、目や耳から出た者もいました。その多くが不快を感じ、忌まわしい汗が全身の皮膚から流れ出ました。そして多くの手足の表面が突然とても熱く沸き、そこから有害な臭いの不浄物が出てきて、尿が身体から豊富に流れ出し、多くは干上がってハチミツのように濃厚になったり、赤や黒に近い色になったり、川砂のように固くなったりしました。また、悪魔の吐息のような悪臭を発するガスを出す者も大勢いました。その悪臭はあまりにもひどく、誰ひとりとして耐えられる者はいませんでした。

そしてその者たちが自らの身を清めると、水の天使がその身体に入り、そこから、過去の罪という忌まわしきものと不浄物の一切を流し出してくれました。硬いものも柔らかいものも多くの忌まわしいものが、身体から渓流のように勢いよくほとばしりました。彼から出た水が流れる地表は汚染され、誰もその場にいられなくなるほど悪臭は強烈なものになりました。悪魔はおびただしい数のウジ虫の形をしてその者たちの腸から去り、水の天使によって人の子らの腸から追放されたのち、無力な怒りで身をよじりました。そこへ陽光の天使の力が襲いかかったため、死に物狂いで身もだえし、天使の足の下で朽ち果てました。天使たちが、自分たちをサタンのように忌まわしいものから救い出してくれたのを目にして、その場にいた者たちは恐怖に震え上がりました。そして、自分たちを救うために天使たちをお遣わしになった神に感謝をささげました。

そこにはまだ激しい痛みに苦しむ者もいて、どうすればよいのかわからず、自分たちのひとりをイエスのもとに遣ろうと決めました。彼が共にいてくれればと強く願っていたからです。

二人がイエスを求めて行ったとき、イエス自身が川の土手をこちらに向かって歩いて来るのを目にしました。イエスから「あなたに平和がありますように」と挨拶をされると、二人の心は希望と喜びで満ち溢れました。たずねたいことがたくさんあったはずでしたが、どういうわけか何も思いつかず、口を開くことができませんでした。そこでイエスが二人にこう言いました。「私が来たのは、あなた方が私を必要としていたからです」。するとひとりが叫びました。「主よ、私たちは確かに必要としています。私たちのところにきて痛みを取り去ってください」

イエスは二人に、こんなたとえ話をしました。「あなた方はまるで、放蕩息子です。何年間も飲み食いして過ごし、友人らと騒いだり、好色に現《うつつ》を抜かして日々を過ごしたのです。毎週、父の知らないところで新たな借金を作り、数日で使い果たしてしまっていました。金貸しは、父親がとても金持ちで息子の借金をいつも黙って返済すると知っていたので、常に金を貸していました。父親は正しい言葉で息子を諭しても耳を貸さなかったため無駄でしたし、際限のない道楽をやめるよう懇願しても無駄だったので、使用人たちの労働を見守るために畑に行きました。息子はいつも父親に、借金を払ってくれるならなんでもすると約束していましたが、翌日にはまた同じことを繰り返しました。息子は七年以上もやりたい放題の生活をつづけましたが、ついに父親は我慢ならなくなり、金貸しに息子の借金を返すのをやめたのです」

「父親は、『私が常に払い続ければ、息子の罪には終わりがなくなるでしょう』と言いました。裏切られて激怒した金貸しは、その息子を奴隷にし、毎日の労役によって借金を返済させました。すると、息子は飲み食いをやめ、日々の乱行もなくなりました。朝から晩まで、顔から流れる汗が地面を濡らすほど働き、慣れない労働で両手足がうずきました。乾燥したパンを食べて暮らし、一文無しとなって、出てくるものといえば涙ばかりで、それでパンを潤しました。暑さと疲れでへとへとになり三日経ったころ、息子は主人にこう言いました。『手も足も痛んで、もう働けません。あとどれくらい私を痛めつけるのですか』。『お前がその手で労働し、借金を全額返す日までだ。七年経てば解放してやる』。すると絶望した息子は涙を流してこう言いました。『でも、私はもう七日間すら耐えられません。情けをかけてください。手も足も焼けるように痛むのです』。意地の悪い貸し主は大声でこう言いました。『仕事を進めろ。日夜騒いで七年間過ごせたのなら、次は七年間働くのだ。借金を全額、最後の一ドラクマまで返さないとゆるしてはやらぬ』。息子はその言葉を聞くと、激しく痛む手足のまま、絶望して畑に戻って仕事を続けました。すでに、疲れと痛みとで立っていることもままならず、七日目の安息日になると畑で働いている人はいませんでした。息子は残った力を振り絞って、よろめきながら父親の家に行き、足元に伏してこう言いました。『父よ、今度こそ私を信じてください。あなたに対する数々の非礼をお許しください。もう放縦な生き方は決していたしません、どんな状況にあっても素直な息子でいます。私を抑圧者の手から解放してください。父よ、私を、おかしくなってしまった私の手足を見て、冷たい態度はとらないでください』。すると、父の目に涙が浮かび、息子を抱きしめてこう言いました。『なんとうれしいことだ。今日、私は本当にうれしい。失ったはずの愛する息子を再び目にすることができたのだから』。そういって父は息子に最上の衣服を着せ、一日中浮かれ騒ぎました。翌朝、父親は息子に、貸し主に借りたものを残らず返せるよう一袋の銀貨を与えました。息子が戻ってきたとき、父はこう言いました。『息子よ、放縦な生活を通して、七年間にわたり借金するのは簡単でも、それを七年間にわたる重労働で返すことが難しいことがわかったか』。『父よ、返済は七日でも本当に難しいです』。すると父は、さとすようにこう言いました。『今回だけは七年間の代わりに七日間でお前の負債を帳消しにし、残りを免除してやろう。ただし、今後はもう借金しないこと。実際、お前の借金を帳消しにするような者は父親である私以外にはいない。お前は息子だからな。そうでなければ、本当なら七年間過酷な労働をしなければならないところだ。法律でそう決められているのだから』」

「父よ、今後は誠実で素直な息子になります。もう借金は一切しません。借金の返済がどんなに大変かがわかりました」

「息子は父親の畑に行き、毎日、父親の下で働いている労働者たちの仕事を見守りました。決して、労働者たちに過酷な労働を強いることはありませんでした。自らの重労働を覚えていたからです。そして数年が経ち、父親の財産は息子の手助けを受けてますます増え、父親の祝福の言葉が息子の労働に与えられました。少しずつではありますが、息子は七年間に浪費した十倍を父親に返していきました。父親は、息子が使用人たちの扱いも自分の財産の管理もうまくなっているのを目にし、こう言いました。『息子よ、私の財産はもう安泰だ。家畜も家も、土地も財宝も、全部お前に与えよう。これを全部受け継いで、引き続き増やして私を喜ばせてほしい』。息子が父親から財産を受け取り、自分に金を返せない債務者全員の借金を帳消しにしました。自らの借金も、自分では返せなかったときに帳消しにしてもらったことを忘れていなかったのです。神はこの息子に長寿と、多くの子宝と、十分な富を与えました。どの使用人、どの家畜にもやさしくしていたからです」

イエスは病人たちの方を向き、こう言いました。「私はあなた方に、神の言葉がよく理解できるようたとえ話をしているのです。暴飲暴食と放縦な生活の七年間というのは、過去の罪です。意地悪な貸し主はサタンです。借金は病気です。重労働は痛みです。放蕩息子は、あなた方自身です。借金の返済はあなた方から悪魔と病気を追い払い、あなた方の身体を癒やすことです。父親から受け取った銀貨が入った袋は、天使たちが釈放してくれる力です。父親は神です。父親の財産は大地と天です。父親の使用人たちは天使たちです。父親の畑は世界であり、人の子らが天なる父に仕える天使たちとともにそこで働けば、それが天の王国に変わるのです。つまり息子は、意地悪な貸し主から借金し、農奴となって苦労し、汗して全額を返済するのではなく、父親に従い、父親の畑にいる使用人たちを見守る方がよいのです。同じように人の子らがサタン、すなわち死と、あらゆる罪とあらゆる病の主の債務者になったり、あらゆる彼らの罪を償い終わるまで痛みに苦しみ、汗を流したりするのではなく、天なる父の約束事に従い、その父に仕える天使たちとともに父の王国で働くのであれば、その方がよいのです。真《まこと》にあなた方に告げます、あなたの罪は大きく、多い。何年もの間、あなた方はサタンの誘惑に負けてきたのです。あなた方は暴飲暴食や買春に明け暮れ、過去の負債が膨らんでいました。今度は、それを返済しなければなりませんし、支払いは困難で厳しいのです。ですから、放蕩息子のように三日目が終わりもう耐えられないなどと言うようではいけません。そうではなく、神によって清められる七日目まで我慢して待って、それから、自らの罪と過去の全負債を放免してもらえるようにと、謙虚で従順な気持ちであなた方の天なる父の面前に行くのです。私がお伝えしたいのは、あなた方の天なる父はあなた方を果てしなく愛しておられることです。あなた方に七年間の負債を七日間の返済で許されるのですから。七年間の罪と病気を抱えながらも、七日目まで正直に粘り強く返済している人々に対しては、私たちの天なる父は、七年間分の全負債を放免してくれるのです」

「もし私たちが、七年の七倍の罪を犯したとしたらどうなりますか」と、重病に苦しむ者がたずねました。

「そのような場合でも、天なる父はあなたの七年間の七倍の全負債を許してくれます」

「最後まで耐え抜く人は幸せです。サタンたちは、あなた方の悪行という悪行をあなた方の身体、あなた方のスピリットという帳簿に書き留めています。真にあなた方に告げます、世界が始まって以来、神の御前で書き留められることのなかった邪悪な行いはひとつもありません。王たちによって作られた約束事は免れても、あなた方の神の約束事は、そのどれひとつとして人の子らが免れることはありません。あなた方が神の面前に来ると、サタンたちはあなた方の行いについてあなた方に不利な証言をし、神はあなた方の身体、あなた方のスピリットというその帳簿に刻まれたあなたの罪を目にし、心から悲しまれるのです。しかし、あなた方が自分の罪を悔いて、断食と祈りによって神に仕える天使たちを求めるのであれば、神に仕える天使たちは、断食と祈りを続ける一日をあなた方の不道徳な行い一年分にして、あなた方の身体とスピリットという帳簿から消し去ってくれるのです。最後の一ページまで消し去られ、あなたの罪が全部清められて、あなたが神の面前に立ったとき、神は心から喜ばれ、あなたの罪を残らず帳消しにしてくれます。神はサタンが握る手から、苦痛から、あなたを解放し、あなたを神の家に招き入れ、神の従者たち、天使たちに対して、あなたに仕えるよう命じるのです。神はあなたに長寿を与え、あなたは二度と病気になることはないでしょう。それ以降、悪事を働くのではなく、よい行いをして日々を過ごせば、神に仕える天使たちはあなた方の身体、あなた方のスピリットという帳簿によい行いを残らず書き留めてくれるでしょう。つまり、世界の始まりから、よい行いをしたのに書き留められないままになるもの、神の前に出されないものはないのです。あなた方の王や支配者たちからは、報償を求めて待っていても無駄に終わるかもしれませんが、よい行いをしたのに神からの褒美が与えられないということなど決してないのです」

「あなた方が神の面前に来ると、神に仕える天使たちはあなた方がよい行いをしたことを証言してくれます。神はあなた方の身体、あなた方のスピリットに刻まれたあなた方のよい行いを目にし、心から喜ばれるのです。神はあなた方の身体、あなた方のスピリット、そしてあなたの行いすべてを祝福し、遺産として大地の、そして天の王国を与えてくれます。そこであなたは永遠に生き続けるのです。神の王国に入ることができる者は幸せです。死という目にあうことがないからです」

その言葉を聞いて、一同は沈黙に包まれました。落胆していた者たちはこの言葉に改めて力づけられ、引き続き断食と祈りを続けました。ひとりが最初にこう言いました。「私は七日目まで耐えます」。次の者も同じくこう言いました。「私も七日の七倍耐えます」

イエスはこう答えました。「最後まで耐える者たちは幸せです。大地を引き継ぐであろうからです」

激痛に苦しめられている者のなかには病人が多数いて、イエスの足元にどうにか這いつくばってきました。もう自らの足で立って歩くことはできなかったのです。そしてこう言いました。「主よ、私たちは痛みにひどく苦しめられています。どうすればよいか教えてください」。この病人たちはイエスに、歪んで節くれだった自分たちの足を見せてこう言いました。「空気の天使も、水の天使も、陽光の天使も私たちの痛みを和らげてはくれませんでした。私たちは自らを清め、断食し、祈り、万事あなたの言葉に従ったにもかかわらずです」

「真にあなた方に告げます、あなたの骨はいずれ治ります。落ち込まず、それでいて、骨の治療家すなわち大地の天使の近くにいて治療を求めなさい。あなたの骨がそこからとられ、いつかはそこへと還るからです」

そしてイエスはその手で水が流れるところ、太陽の熱によって水際の土が粘土質の泥のようになっているところを指し示しました。「そのぬかるみのなかに足を沈めなさい。大地の天使が包み込んで、あなたの骨からあらゆる汚れと病気を抜き出してくれるように。するとあなた方は、サタンと自らの内にあった痛みとが、大地の天使の抱擁を避けていくのを目にするでしょう。そしてあなたの骨の節くれだったところは消え去るでしょうし、そこが強化され、一切の痛みが消え去ることでしょう」

病んだ者たちがイエスの言葉どおりにしました。自分たちは治るのだと知っていたからです。

ほかにも、痛みに悩まされながらも、断食を貫く者たちがいました。体力を費やし、高熱に苦しめられていました。イエスのところに行こうとベッドから起きたときに、吹きすさぶ風に揺さぶられているかのように頭が揺れ始め、足で立とうとするたびに尻餅をつきました。

するとイエスがその者たちのところへ行ってこう言いました。「あなた方が病んでいるのは、サタンとその病があなた方の身体を苦しめているからです。けれども恐れてはいけません。あなた方に対する支配力はすぐになくなります。というのも、サタンは怒りっぽい隣人のようなもので、隣人がいないうちにその家に上がり込み、家のなかのものを自分の家に持っていこうとしているのです。しかし誰かがそこの住人に家のなかを荒らしている者がいると教えたので、その住人は走って戻りました。そして、自分の気に入ったものばかりを集めている悪意ある隣人が、家の主人が遠くから慌てて戻ってくるのを見かけたら、全部持ち去れないと激怒して、そこにあるものをことごとく壊したり使えなくしたりして、全部めちゃめちゃにしてしまおうとします。自分のものでなくても、他人にも何も残らないようにしてしまったのです。それでも、家の主人がすぐに入ってきて、それが悪意ある隣人が目的を達成する前だったので、主人はこの隣人を捕まえて家から放り出したのです。真にあなた方に告げます、神が住まわれているあなた方の身体にも、サタンは入り込みます。そして盗みたいものをできる限り得ようと、つまりはあなたの呼吸や血液、骨、肉、腸、目、そして耳に手をかけたのです。しかし、あなた方は断食をしたり祈ったりすることによって、自らの身体の主人とそれに仕える天使たちを呼び戻しました。今やサタンは、あなた方の身体の真の主人が戻ってくるのを目にして、自分の力もこれまでだと理解しています。そのためサタンは怒って再び力を集め、主人がやってくる前にあなた方の身体を破壊しようとするのです。サタンがあなた方をそこまでひどく苦しめるのはこのためで、もう終わりだと感じているからなのです。恐れおののかないでください。神の遣いの天使たちがすぐに現れ、再びあなた方の身体に入り込み、神の神殿としてのすみかと奉納物を再び手にするでしょう。天使たちはサタンを取り押さえ、病気や不浄物も残らずあなた方の身体から放り出します。あなた方は（サタンに対し）動じることのなかった報いを受け取り、二度と病むこともなく幸福を得るでしょう」

病める者のなかに、サタンからほかの者たちよりもとりわけ苦しめられている者がひとりいました。その者の身体はまるで骨と皮だけのようで、皮膚は落ち葉のように黄色くなっていました。すでに手を挙げることすらできないほど弱っていましたが、イエスの方へと這いながら、遠くからイエスに向かって声を上げました。「主よ、私を哀れんでください。世界の始まりからみても、私ほど苦しんできた者はいません。あなたが本当に神から遣わされた方であることは存じておりますし、あなたがそう思えば、私の身体からサタンを追い出すことができることも存じています。神に仕える天使たちは神の使者に従わないのでしょうか。どうか主よ、サタンを私から追い出してください。私の内側で怒り狂って耐えがたいほどの苦しみを与えてくるのです」

イエスはこの男に答えました。「サタンがあなたをそれほどまでにひどく苦しめるのは、あなたがすでに何日も断食をし、サタンに貢物を治めていないからです。これまであなたが自らのスピリットという神殿を汚した忌まわしきものをサタンに食べさせていません。あなたは空腹によってサタンを苦しめていますので、サタンも怒ってあなたを苦しめているのです。恐れてはいけません。あなたの身体が破壊される前に、サタンが破壊されることになるからです。あなたが断食をして祈っていれば、神に仕える天使たちがあなたの身体を守ってくれ、サタンの力ではあなたを滅ぼすことはできないのです。サタンの怒りは神に仕える天使たちの前にあっては無力です」

すると、みながイエスのところにやってきて、大声で叫びながらこう懇願しました。「主よ、この男を哀れに思ってやってください。私たちの誰よりも苦しんでいて、あなたがすぐにサタンを追い出さなければ、この男は明日を迎えられないのではないかと心配なのです」

するとイエスはこう答えました。「あなた方の信心はすばらしいです。あなた方の信心に従っていなさい。すぐにサタンのぞっとするような形相と、人の子の力を真っ向から見られるでしょう。主の被造物であり最も弱くいたいけな神の子羊の力によって、私はあなたから強力なサタンを追い出します。神聖な神のスピリットは、最も弱い者を、最も強い者よりもなお強くするのです」

そしてイエスは、草を食んでいる雌羊の乳を搾りました。それを太陽の熱で温められた砂の上に置いてこう言いました。「見よ、水の天使の力がこのミルクに入りました。次は陽光の天使の力も入ります」

ミルクは太陽の熱で熱くなりました。

「水の天使と陽光の天使は、空気の天使とひとつになります」

すると、見よ、温かいミルクの湯気がゆっくりと空気中に立ち昇りはじめました。

「さあ、水、陽光、そして空気の天使たちの力を口から吸いこみなさい。あなたの身体に入ってサタンを追い出してくれます」

サタンに苦しめられたその病人は、立ちのぼるその白い湯気を深く吸い込みました。

「サタンはただちにあなたの身体から立ち去るでしょう。あなたの身体のなかに食べ物になるものがなく、サタンはもう三日間空腹だったからです。サタンはこの湯気をたてた温かいミルクで空腹を満たすために、あなたのなかから出てくるでしょう。この食べ物がサタンの目によく映るからです。サタンはその匂いを嗅ぎ、すでに三日も苦しんできた空腹に、耐えられなくなるのです。しかし人の子はサタンの身体を破壊します。もうほかの誰をも苦しめないように」

すると、この病人の身体は悪寒で震え、嘔吐するかのような吐き気を催しましたが、吐き出すことはできませんでした。息ができずにもがき、イエスのひざの上で気を失いました。

「今、サタンがこの人から出てきます。ご覧なさい」。イエスはそう言って、この病人の開いた口を指さしました。

するとみな驚嘆し、恐れながら、サタンがその口から気持ちの悪い虫となって出てきて、湯気を上げるミルクに一直線に向かっていくのを目にしました。するとイエスは、鋭くとがった石を二つ手に取り、サタンの頭を粉々に砕き、病気の男からその身長ほどもある化け物の全身を引っ張り出しました。気持ちの悪いウジムシがこの病気の男の口から出きると、男は息を吹き返し、痛みという痛みが治まっていました。周囲の者たちは、サタンの気持ちの悪い身体をおののきながら見ていました。

「あなたが長年にわたり身体のなかで飼っていた獣が、いかに酷いものだったかを知りなさい。それをあなたの身体から追い払い、もう二度とあなたを苦しめることがないよう、とどめを刺しました。天使たちがあなたを解放してくれたことに対して、神に感謝をささげなさい。そしてサタンが再び戻ることのないように、罪を犯すこともやめなくてはなりません。今後あなたの身体は、あなたの神にささげる神殿としなさい」

周囲の者はみな、イエスの言葉と力に驚き、こう言いました。「主よ、あなたはまさしく神の使者、あらゆる秘密をご存じなのですね」

するとイエスはこう答えました。「あなた方も真の神の子となり、神のお力と秘密の知識とを分かち合うことでしょう。叡智と力は神の愛にのみ由来するからです。ですから、あなた方の天なる父、大地なる母をハートとスピリットのすべてでもって愛しなさい。そしてその父と母とに仕えるのです。それぞれに仕える天使たちがあなた方にも仕えてくれるように。あなた方の行いのすべてを神にささげるのです。サタンに与えてはいけません。罪の報いは死だからです。それに対して神とともにあるのが、善きことである神の愛の報いであり、それは永遠の命の知識と力なのです」

そこにいた者はみなひざまずき、神にその愛に対する感謝をささげました。

するとイエスはこう言って立ち去りました。「七日目まで祈りと断食に取り組む人のところには、それが誰であれまた来るでしょう。あなた方に平和がありますように」

イエスにサタンを追い出してもらった病人は、生命力を取り戻し立ち上がることができました。深呼吸をした彼の目は輝いていました。痛みはもうどこにもありませんでした。そしてイエスが立っていた場所に身を投げ出し、足跡にキスをして涙を流しました。

そこは川底のそばで、多くの病人が、神に仕える天使たちとともに七日七晩断食し、祈りをささげました。イエスの言葉に従ったのですから、その報いは素晴らしいものでした。七日目を過ごすなかで、その者たちの痛みは消え去りました。地平線から太陽が姿を現したとき、山からイエスが朝の光を後光のようにまとって自分たちの方へやってくるのを目にしました。

「あなた方に平和がありますように」

誰も一言も発することができないまま、ただイエスの前にひれ伏し、治癒したしるしに衣服のすそに触れました。

「私に感謝するのではなく、あなた方に癒やしの天使たちを遣わせた大地なる母に感謝しなさい。行きなさい、そしてもう罪を犯してはいけません。もう二度と病気になることがないように。そして癒やしの天使に、あなたの守護天使となってもらうのです」

これに対してみなはこう言いました。「主よ、永遠の命とおっしゃいましたが、私たちはどこへ行けばよいのでしょうか。教えてください。二度と病気にならないよう、私たちが避けなければならない罪とは何でしょうか」

イエスはこう答えました。「あなたの信仰の通りにしていればよいのです」。そして、みなに囲まれて座り、話しはじめました。

「かつての人たちはこう言われました。『汝の天なる父と、汝の大地なる母を礼拝し、その戒律を守りなさい。汝の日々が地上で長く続くように』と。そして次に、こう命じられました。『汝、人を殺すことなかれ』。生命はみな、神から与えられているからです。神が与えたもうたものを人が奪うことなど許されないのです。つまり、ひとりの母から、地上の生きとし生けるものが生じるのです。ですから、人を殺すのは、自らの兄弟を殺すことと同じです。その者から大地なる母は背を向けるでしょうし、哺乳している乳房をその者からむしり取るでしょう。そして、母に仕える天使たちからも避けられ、サタンが身体に巣食うようになるでしょう。身体のなかのほふられた獣の肉は、その者自身の墓標となるでしょう。お伝えしたいのは、人を殺すということは、自分自身を殺すことであり、ほふられた獣の肉を食べる者はみな、死人の肉を食べていることになります。その者の血に混じって獣たちの血の一滴一滴が毒となり、その者の息に混じって獣たちの息が悪臭を放ち、その者の肉に混じって獣たちの肉が沸き立ち、その者の骨のなかで獣たちの骨が石灰になり、その者の腸のなかで獣たちの腸が腐敗し、その者の目のなかで獣たちの目がくもり、その者の耳のなかで獣たちの耳から蠟状の膿《うみ》が生じるのです。獣たちの死は、その者の死となります。あなた方の天なる父に仕えることでしか、あなた方の七年間の負債が七日間で帳消しにされることはないのです。しかしサタンがあなたを許すことはありません。『目には目を、歯には歯を、手には手を、足には足を、火傷には火傷を、怪我には怪我を、命には命を、死には死を』。あなたはサタンにあらゆるものの対価を払わなければなりません。罪の報いは死だからです。サタンの奴隷にならないよう、人を殺してはいけませんし、その罪なき犠牲者の肉を食べてもいけません。それは苦しみの道だからです。それは死へと続く道です。そうではなく、神のご意思に従うのです。神に仕える天使たちが、あなたが生きていくなかで仕えてくれるように。ですから神の次の言葉に従いなさい。『見よ、私はあなた方に地のおもてに種を結ぶ様々な草木と、果物の中に種を結ぶあらゆる実のなる木を与えました。あなた方の肉とするためです。そして、地上のあらゆる獣、空中のあらゆる鳥、地上を這うあらゆるものには糧として緑の植物を与えました。地上に生きてうごめくあらゆるもののミルクが、あなた方を満たすでしょう。私が与えた緑の草本が、やがてはあなた方にとってのミルクとなるのです。ですが肉と、そこに流れる血は、汝らが食するものではありません。私はきっと、あなた方のほとばしる血を求めるでしょう。そこにあなた方の魂が宿る血を。私はほふられた獣と、ほふられた人すべての魂を求めるでしょう。私、主である汝の神は、強く嫉妬深い神であり、私を憎む祖先の非道のために三世代、四世代後まで責めを負わせ、私を愛して私の命令を守る数千の子孫らを哀れむのです。主である汝の神を心の底から、全霊をかけて、力の限り愛するのです。これは最も重要な第一の戒めです』。そしてその二番目も似ています。『汝の隣人を汝自身のように愛しなさい』。この二つ以上に重要な戒めはありません」

話し終わってもみな黙ったままでしたが、ただひとりが大声でこう叫びました。「主よ、もし、森のなかで野生の獣が私の兄弟を食いちぎっているのを目にしたら、私がすべきことは何でしょうか。兄弟が死ぬままにしておくのでしょうか。それとも野生の獣を殺すのでしょうか。その場合、法に反しないのでしょうか」

するとイエスはこう答えました。「かつての人たちはこう言われました。『地上でうごめいているどの獣も、海のどの魚も、空中のどの鳥も、汝の力には屈服します』。つまり、地上の生きとし生けるもののうち、神が御自身の似姿としてお創りになったのは人だけです。そのため、獣が人のためにあるのであり、人が獣のためにあるのではありません。ですから、あなた方が野生の獣を殺してご兄弟の命を救うことによって、あなた方が法に反することはありません。つまり、人間は獣を上回る存在だということです。ただし、攻撃を受けたのではないのに理由なく獣を殺したり、殺すことへの強い欲望、あるいは肉や皮、あまつさえ牙を求めての行いであれば、それこそが悪であり、その者自体が野生の獣となるのです。それはその者の終わりでもあり、野生の獣の終わりでもあります」

また別の者が言いました。「イスラエルで最も偉大なモーセは、私たちの先祖が汚れのない獣の肉を食べるのを許し、不浄な獣の肉のみを禁じました。なぜ、あなたはあらゆる獣の肉を禁じるのでしょうか。それは神のどの約束事でしょうか。モーセのでしょうか、それともあなたの約束事でしょうか」

イエスはこう答えました。「神はあなた方の先祖に対して、モーセをして十戒を与えられました。『十戒は厳しい』とあなた方の先祖は言い、守ることができませんでした。モーセはその様子を見て民に深く同情しましたが、民の堕落には同情しませんでした。そこでモーセは十戒を十倍にして与えました。シオンの丘のように足が強い者に杖は不要ですが、脚が震える者は、杖がないよりは持っている方が遠くまで行けるでしょうから。モーセは主にこう言いました。『私の心は悲しみでいっぱいです。わが民は道に迷うでしょう。わが民には知識がなく、あなたの戒律を理解することができないからです。まだ父の言葉を理解できない幼子のようです。主よ、あの者たちが死んでしまわないよう、別の法を与えることをお許しください。主よ、あなたとともにいなくてもあの者たちをあなたに逆らわせず、自らを養えるように。時が来て、あなたの言葉に耳を傾けるほど成熟したならば、あなたの律法をつまびらかにしてください』。そう言ってモーセは十戒が書かれた二枚の石板を割り、それらに代わって十戒の十倍の戒律を与えました。その十倍の十戒から、律法学者らとパリサイ派ユダヤ教徒らが十戒の百倍の戒律を作りました。そしてあなた方の両肩に耐えられない重荷を負わせ、自分たちはそれを負いませんでした。十戒が神に近いほど私たちに必要なものは少なく、十戒が神から遠く離れているほど、私たちに必要なものは多くなります。そのためパリサイ派のユダヤ教徒や律法学者の約束事は数えきれないほどありますが、人の子の約束事は七個、天使たちは三個、神は一個なのです」

「そのため私からは、あなた方が人間にふさわしく、人の子の約束事七個を守れるよう、理解できる約束事のみを教えます。そうすれば天なる父に仕える知られざる天使たちもその約束事をあなた方につまびらかにし、神の神聖なスピリットがあなた方のところに降りてきて、あなた方を導いてくれるでしょう」

するとみなはその叡智に驚き、こう求めました。「主よ、続けてください。そして私たち全員に、私たちが受け止められる約束事を教えてください」

するとイエスはこう続けました。「神はあなた方の先祖にこう命じました。『汝、殺すなかれ』。しかし、彼らの心はかたくなで、殺すことをやめませんでした。そこでモーセは、少なくとも人間を殺さないようにと望まれ、獣は殺すことは許されました。するとあなた方の先祖の心はさらに無情となり、人間も獣も同じように殺してしまいました。しかし、私はあなた方にあえて言います。人間も獣も殺すことなかれ、あなた方の口に入る食べ物であっても。生きている食べ物を食べるのであれば、それがあなた方を活気づけてくれるでしょうが、死んだ食べ物はあなた方をも殺すでしょう。生命は生命からしかやってきません。死からやってくるのは常に死です。あなた方の食べ物を殺すものはいかなるものも、あなた方の身体も殺します。そして、あなた方の身体を殺すものはいかなるものも、あなたの魂をも殺します。あなた方の食べたものがあなた方の身体になり、同じように、思考したことがあなた方のスピリットになるのです。ですから、火、結氷、水が破壊したどんなものも食べてはいけません。つまり、焼いたもの、凍らせたもの、腐敗した食べ物は、あなた方の身体も焼き、凍らせ、腐らせることになるのです。火を通し、凍らせ、腐らせた種を大地にまいた思慮のない農夫のようになってはいけません。秋が来て、その農夫の畑は何も生み出しませんでした。この農夫の悲嘆は、それは激しいものでした。そうではなく、生きた種を畑にまいた農夫のようになりなさい。その畑には、まいた種の数百倍もの生きた稲穂が実りました。真にあなた方に告げます、生命の火によってのみ生きなさい、あなた方の食べ物や、あなた方の身体と魂をも殺してしまう死の火で食べ物を用意してはいけない、ということです」

「主よ、生命の火はどこにあるのでしょうか」と幾人かがたずねました。

「あなた方のなか、あなた方の血液のなか、あなた方の身体のなかです」

「では、死の火は」と別の者たちがたずねました。

「あなた方の血液よりも熱く、あなた方の身体の外で燃える火です。あなた方は死の火を使って、自宅や畑で自分たちの食べ物を調理しています。真にあなた方に告げます、あなた方の食べ物や身体を破壊する火は、あなた方の思考、あなた方のスピリットを荒廃させる悪意の火と同じ火なのです。あなた方の身体はあなた方が食べたものでできていて、あなた方のスピリットはあなた方の考えでできているからです。ですから、生命の火よりも強い火が殺してしまったものは一切食べてはいけません。代わりに、木になっている実、野に生えている植物、口にするのに適した獣の乳であればどんなものでもよいので、それを調理、加工して食べなさい。今挙げたものはみな、生命の火によって養われて熟したものであり、大地なる母に仕える天使たちからの贈り物です。しかし、死の火のみが風味を与えられるものは、何も食べてはいけません。それはサタンのものだからです」

「主よ、日々のパンを火を使わずにどうやって焼けばよいのでしょうか」と、驚きのあまりにたずねた者もいました。

「パンを焼くのは神に仕える天使たちに任せなさい。小麦粉を湿らせると、そこに水の天使が入り、それを寝かせれば空気の天使が包み込んでくれます。それを日光の下に朝から晩まで置いておけば、陽光の天使がそこに舞い降ります。この三人の天使たちの天恵によって、小麦のなかの生命の芽が芽吹きます。そうしたら先祖たちが奴隷の家、エジプトを出る際にしたように、麦を挽き、薄い聖餅《せいへい》を作りなさい。聖餅を日の出の時に太陽の下に戻し、太陽が一番高く昇ったら、ひっくり返します。そうすれば陽光の天使の力が全体に及びます。日没までそのまま置いておきます。水、空気、そして陽光の天使たちは、畑の小麦を育てて実らせたように、あなた方のパンも用意してくれるはずです。同じく生命の火である太陽も、小麦を育てて実らせ、同じ火であなた方のパンを焼いてくれるはずです。太陽の火は、小麦に、パンに、そして身体に生命を与えます。これに対して死の火は、小麦も、パンも、そして身体も殺してしまうのです。生きている神に仕える生きている天使たちは、生きている人間だけに仕えます。神とは生きている者の神であり、死人の神ではありません」

「ですから、神の食卓に出されたもの、木になっている実、野に生えている穀物と植物、獣の乳、蜂が集めたハチミツを食べるのです。この範疇にないものはみなサタンのものであり、罪や病を経て死に至ります。しかし、神の豊かな食卓からあなた方が食べているものは、あなた方の身体を強く若くし、病気の憂き目にあうことは二度とないでしょう。神の食卓は長寿のメトシェラ［訳注：創世記によればエノクの息子とされる伝説的な人物］に食べ物を与えたことから、つまりメトシェラのように生きれば、生きている者の神はあなた方に地上で同じくらいの長寿を与えてくださるでしょう」

「真にあなた方に告げます、生きている者の神は地上のお金持ち全員よりも豊かであり、その豊かな食卓は地上のお金持ち全員の最も豊かな饗宴の食卓よりも豊かです。ですから、私たちの大地なる母の食卓であなたの生命全体を味わいなさい。そうすれば、物足りなさを感じることがなくなるでしょう。母の食卓につく際は、食べ物を大地に見出された時のままに食べなさい。煮炊きしてはいけませんし、あれもこれもと全部混ぜ合わせることもいけません。あなた方の腸が湯気をたてる湿地のようになるといけないからです。というのも、主の目には不快なものに映るからです」

「主人の食卓に上がった他人の分まで常に平らげる強欲な使用人のようであってはいけません。その使用人は何でも自らむさぼり、ごちゃ混ぜにして大食いしました。それを目にした主人は激怒し、この使用人を食卓から追い出しました。みなが食事を終えると、主人は残飯をまとめて、この強欲な使用人を呼び、こう言いました。『これを持って行ってブタと一緒に食べるのだ。お前には、私の食卓ではなくブタと一緒が似合っている』」

「ですから気をつけてください。あらゆる種類の忌まわしきものであなた方の身体という神殿を汚してはいけません。食べ物は私たちの大地なる母の食卓に常に並ぶ二、三種類で満足しなさい。そして、周囲で目についたものを片っ端からむさぼり食うことを望んではいけません。真にあなた方に告げます、身体のなかであらゆる種類の食べ物を全部混ぜ合わせると、身体の安らかさが失われ、自身のなかで終わりのない戦いが猛威を振るうことになるからです。その戦いは家々や国々が自滅するまで終わらないでしょう。あなた方の神は平和の神であり、不和には決して手を貸しません。ですから、あなたに対する天罰を引き起こしてはいけません。神があなた方を食卓から追い出さないように、そして罪、病、死の火というあなた方の身体をだめにするサタンの食卓を無理強いされないように」

「ものを食べるときは、満腹まで食べてはいけません。サタンの誘惑には目もくれず、神に仕える天使たちの声に耳を傾けるのです。サタンとその力は、あなた方が常にもっともっと食べたいという欲望をかき立てます。そうではなく、スピリットによって生きるのです。肉体の欲望をがまんしなさい。あなた方が断食をすればいつでも、神に仕える天使たちは喜んで見ています。ですから、あなた方の身体が満たされたとき、どれだけの量を食べたのかに留意しなさい。そして常に食べる量を三分の一減らしなさい」

「日々の食べ物の重量は一ミナ（五百七十グラム）以上としますが、二ミナ（八百六十グラム）は超えないように注意しなさい。そうすれば神に仕える天使たちは、常にあなた方に仕えてくれるでしょうし、決してサタンの奴隷になることも、その病に侵されることもないでしょう。頻繁に食べることによって、身体のなかで働く天使たちに迷惑をかけてはいけません。真にあなた方に告げます、一日に三食以上食べると、身体のなかでサタンが活動します。神に仕える天使たちはその身体から去り、すぐにサタンが占拠します。食事をするのは、太陽が天高く昇っているときに一回と、太陽が沈んだ時にもう一回だけです。そうすれば決して病気にはなりません。主は好意的に見てくれているからです。神に仕える天使たちがあなた方の身体のなかで喜び、サタンが近寄らないことを望むのであれば、神の食卓につくのは一日に一回だけにしなさい。そうすれば、地上での命を長らえるでしょう。主の目に、喜ばしいこととして映るからです。神の食卓があなたの前に出されたときに食事をし、神の食卓に上っているものを食べることを常としなさい。真にあなた方に告げます、あなたの身体に何が必要か、それがいつ必要か、神はよくご存じなのです」

「イジャルの月（四月）が訪れてからは大麦、シヴァンの月（五月）からは種を作る種類の草本のうち最も完璧な小麦を食べます。主にあなた方の身体を気遣ってもらえるよう、日々のパンは小麦で作ります。タンムス（六月）からは、身体を絞ってサタンが出ていくよう酸っぱい葡萄を食べます。エルルの月（八月）には葡萄を集めて絞ってジュースにします。マーチェスヴァンの月（十月）には太陽の天使が乾燥させて甘くなった葡萄を集め、それを食べて、主に仕える天使たちが住めるよう身体を大きくします。アブの月（七月）とシェバットの月（一月）には果汁たっぷりのイチジクを食べなさい。それ以外の月は、太陽の天使にイチジクを保存しておいてもらい、木に実がつかない月にはアーモンドの実とともに食べます。テベスの月（十二月）には、あなた方の血液からあなたの罪が残らず取り除かれるよう、雨が降ったあとに生えてくる草本を食べます。また同じ月に、あなた方が飼っている獣の乳を食べ始めます。その理由は、人間に乳を与えるように、主が乳を出すあらゆる獣に野の草本を与えたからです。ですから、神の食卓にあるものだけを食べ、サタンの忌まわしきものすべてを回避する者たちは幸せなのです。遠い国々からもたらされた不浄なものを食べてはいけません。そうではなく、あなた方が育てた木々が実らせたものを食べることを常としなさい。あなた方の神は、あなた方に何が必要か、それがいつどこにあるのかをよくご存じです。神はあらゆる王国の民にひとり残らず、各人に最適な食べ物を与えます。野蛮人のように急いで口に詰め込むような忌まわしい、自らの身体を汚す食べ方をしてはいけません」

「神に仕える天使たちの力は、主がその素晴らしい食卓から与えた生きた食べ物とともに、あなた方のなかに入ります。あなた方がものを食べるときには、頭上に空気の天使にいてもらい、足元には水の天使にいてもらいなさい。食事のときはいつも長い深呼吸をし、空気の天使に食事時間を祝福してもらうのです。食べ物は歯でよく嚙み、水の天使があなたの身体の血液に変えてくれるよう流動状にします。主に祈りをささげるように、ゆっくりと食べます。つまり、神の食卓でこのようにして食事をすれば、神の力があなた方のなかに入るということです。これに対してサタンは、空気の天使と水の天使が降りてきていない者に対して、その者の身体を湯気が立つ沼に変えるのです。主はそのような者にはもう神の食卓につかせません。主の食卓は祭壇であり、神の食卓で食事をする者は神殿のなかにいるのです。真にあなた方に告げます、神の戒律に従えば、人の子の身体は神殿になり、体内は祭壇になるということです。そのためあなた方のスピリットが苦しんでいるときには、主の祭壇には何も置いてはならず、神の神殿内で怒っている人について考えることも許されません。主に仕える天使たちの呼び声を自らのなかに感じられたら、主の至聖所にただ入りなさい。悲しんだり、怒ったり、あるいは何の望みもなく口にする食べ物はみな、あなた方の身体のなかで毒になるからです。サタンの息はそのすべてを汚します。あなたの供物を自身の身体の祭壇に喜んで置き、神の食卓からあなた方の身体のなかに神の力を受け入れたら、あらゆる邪悪な思考をあなた方のなかから追い出しなさい。

そして、食欲の天使があなたを呼ぶまでは決して神の食卓についてはいけません」

「ですから、神のすばらしい食卓について、常に神に仕える天使たちとともにあることを喜びなさい。これが、主の心を満足させます。そうすればあなた方は地上で長く生きることになるでしょう。神のしもべたちのなかで最も貴重な存在、喜びの天使が、日々あなた方に仕えてくれるからです」

「一週間のうちで七日目はいつも神聖で、神にささげる日であることを忘れてはいけません。六日目には、あなた方の身体に大地なる母の贈り物を与えなさい。しかし七日目には、あなた方の天なる父のために自身の身体を聖別するのです。七日目には地上の食べ物を一切口にはせず、神の言葉だけで生き、天なる父の王国で、主に仕える天使たちとともにありなさい。大地なる母の王国で六日間労働したあとの七日目には、神に仕える天使たちにあなた方の身体に天の王国を築いてもらいなさい。そして一日の間、食べることによってあなた方の身体のなかでの天使たちの働きを乱さないようにしなさい。神はあなたに地上での長寿を与えてくださり、あなたは天の王国においても永久に生きるでしょう。真にあなた方に告げます、地上でもう病気になることがなければ、あなた方は天の王国で永遠に生きことになるということです」

「神は毎朝あなた方に陽光の天使を遣わし、あなた方を眠りから目覚めさせます。ですから、あなた方の天なる父の呼び出しに応じずに、のらりくらりとベッドで寝ていてはいけません。空気の天使と水の天使がすでに部屋の外であなた方を待っているのですから。大地なる母に仕える天使たちのことを知り、その働きをますますよく知るよう、一日中その天使たちとともに労働するのです。しかし太陽が沈めば、あなた方の天なる父があなた方に最も貴重な天使、つまり睡眠の天使を遣わし、あなた方を休ませてくれますから、一晩中、睡眠の天使とともにいなさい。そうすれば、あなた方の天なる父が遣わした未知の天使が、一晩中あなたとともにいてくれます。天なる父に仕える未知の天使たちは、あなた方に神の王国についていろいろと教えてくれるでしょうし、あなた方が知っている大地なる母に仕える天使たちも、その母の王国のことがらをあなた方に教えてくれます。真にあなた方に告げます、あなた方が天なる父の戒律に従っていれば、あなた方は毎晩、その父の王国の客になるのです。翌朝目が覚めたら、自分のなかに未知の天使たちの力を感じるでしょう。あなた方の天なる父は毎晩その天使たちを遣わし、あなた方のスピリットを築き、さらに毎日、大地なる母があなた方に自らに仕える天使たちを遣わし、あなた方の身体を築いてくれます。ですから、真にあなた方に告げます、昼に大地なる母の腕に抱かれ、夜に天なる父の口付けを受ける人の子は神の子になれるでしょう」

「昼も夜もサタンの誘惑に耐えなさい。神に仕える天使たちがあなた方の元を去るといけないので、夜に起きていることも、昼間に寝ることもしてはいけません」

「サタンが差し出す喫煙も、夜にあなた方の目を覚まさせ、日中に眠らせるので、一切たしなんではいけません。真にあなた方に告げます、あなた方の神から見れば、サタンの差し出すものはどんな酒も喫煙も忌まわしきものなのです」

「夜といわず昼といわず、淫行に手を染めてはいけません。好色家は樹液が幹から流れ出ている木のようなものです。その木は、寿命より早く干上がるか、決して実がならないでしょう。ですから、サタンがあなた方の身体を干上がらせ、主があなたの種を不毛にしないためにも、淫行をしてはいけません」

「熱すぎるものと冷たすぎるものは避けなさい。熱さも冷たさもあなたの身体を害するべきではないというのは、あなた方の大地なる母のご意思です。神に仕える天使たちが温めたり冷やしたりしてくれる以上に、自分の身体を温めたり冷やしたりしてはいけません。あなた方が大地なる母の戒律に従えば、あなた方の身体が熱くなりすぎるたびに、その母が涼しさの天使を遣わしてあなた方を冷まし、あなた方の身体が冷たくなりすぎるたびに、熱の天使を遣わしてあなた方を再び温めてくれます」

「天なる父、大地なる母に仕え、天の王国、地上の王国で昼も夜も休まずに働いているあらゆる天使たちを見習いなさい。つまり、神に仕える天使たちのうち最も強力な行いの天使を自分自身のなかに受け入れ、みなで協力し合って神の王国で働くのです。流れる水、吹く風、日の出と日の入り、植物や木々の成長、走り回る獣、月の満ち欠け、現れては過ぎていく星々を見習いなさい。いずれも動いていて、それぞれの務めを果たしています。生命をもつものはみな動いており、死んだ者だけが静止しています。神は生きている者の神であり、サタンは死者の神です。ですから生きている神に仕えるのです。生命の永遠の動きがあなた方を活かすように、そしてあなた方が死という永遠の沈黙を免れるように。サタンの王国に放り込まれないよう、休まず働いて神の王国を築きなさい。神の生きた王国は永遠の喜びで満ちていますが、サタンの死の王国は動かない悲しみで闇に満ちているからです。ですからあなた方は、サタンの奴隷になり下がらないよう、あなた方の大地なる母の、天なる父の真の子らでありなさい。あなたの大地なる母と天なる父は、あなた方に教え、愛し、仕えるよう、天使を遣わしてくれるでしょう。その天使たちはあなた方が神の戒律を知り、感じ、従うよう、あなた方の頭のなか、心のなか、手のなかに、神の戒律を書いてくれるでしょう」

「あなた方の天なる父と、大地なる母に毎日祈りなさい。あなた方の魂が天なる父の聖なるスピリットと同じくらい完璧になるよう、あなた方の身体があなた方の大地なる母の身体と同じくらい完璧になるように。あなた方がその戒律を理解し、感じ、従うのであれば、あなた方の天なる父と、あなた方の大地なる母に求めたことはみな、あなた方に与えられるでしょう。神の叡智、愛、そして力はすべてを超越しています」

「そして、あなた方の天なる父にはこうやって祈ります。天におられる私たちの父よ、み名が聖とされますように。み国が来ますように。みこころが天に行われるとおり、地にも行われますように。私たちの日ごとの糧を、今日もお与えください。私たちの罪をお許しください。私たちも人を許します。私たちを誘惑におちいらせず、悪から救い出してください。国と力と栄光は永遠にあなたのものです。アーメン」

「また、あなた方の大地なる母にはこうやって祈ります。地上におられる私たちの母よ、み名が聖とされますように。み国が来ますように。みこころがあなたのなかと同じく私たちのなかでなされますように。あなたが日々あなたに仕える天使たちを遣わすように、私たちにも遣わしてください。私たちの罪をお許しください。私たちもあなたに対する私たちのあらゆる罪を償います。私たちを病へと導かず、諸悪から救い出してください。大地と身体と健康はあなたのものです。アーメン」

そうして、人々はみなイエスとともに天なる父に、大地なる母に祈りました。

その後、イエスはこの者たちに話しました。「あなた方の身体が大地なる母に仕える天使たちを通して生まれ変わったように、あなた方のスピリットも同じく、天なる父に仕える天使たちを通して生まれ変わります。それゆえ、あなた方の父と母との真の子らになり、人の子らの真の同胞となりなさい。今まであなた方は父とも母とも、そしてあなた方の同胞たちとも敵対していました。あなた方はかつてサタンに仕えていました。今日からは、あなた方の天なる父、あなた方の大地なる母、人の子らであるあなた方の同胞たちとともに、平和に暮らしなさい。あなた方から平和を奪うサタンとだけ戦いなさい。あなた方の大地なる母の平和をあなた方の身体に与え、あなた方の天なる父の平和をあなた方のスピリットに与えます。両方の平和を人の子らの間にもたらしてください」

「来なさい、疲弊し、骨折りと苦痛に苦しむ全ての人よ。私の平和であなた方に強さと安らぎをもたらしましょう。私の平和は喜びに満ち満ちています。ですから私は常に、あなた方にこう呼びかけるのです。『あなたに平和がありますように』。ですから、あなた方も互いにそう呼びかけなさい。そうすれば、あなた方の身体にはあなた方の大地なる母の平和が、あなた方のスピリットにはあなた方の天なる父の平和が舞い降りるのです。すると、あなた方は自分たちの間に平和があることを知るでしょう。神の王国が内側にあるからです。今まで争っていた同胞の元へ戻り、あなた方の平和をその彼らにも与えなさい。平和に努めているものは幸せです。神の平和を知ることになるからです。さあ、もう罪を犯してはいけません。みなにあなた方の平和を与えなさい。私があなたにそうしたように。私の平和は神の平和だからです。あなたに平和がありますように」

そしてイエスはみなのもとを去りました。

人々にイエスの平和が訪れました。愛の天使を心に、法の智慧を頭に、そして復活の力を手に、彼らは人の子たちの間へと向かいました。暗闇のなかで戦っている者たちに平和の光をもたらすために。

そして、お互いにこう言いあって別れました。

「**あなたに平和がありますように**」

エッセネ派の平和福音書

第二巻

エッセネ派の知られざる書

Book Two

The Unknown Books of The Essenes

『第二巻　エッセネ派の知られざる書』目次

エッセネ派の平和福音書　第二巻　序文

序文の書き出しにあたり、私は大いなる告解をしなければなりません。私が本書『エッセネ派の平和福音書の第二巻を翻訳するのは、これが初めてではありません。二度目です。初めての訳書は完成まで何年もかかり、制作にあたっては骨惜しみせず厳密さを旨とし、数百もの文献を参照して言語学的注釈と聖書解釈学的注釈をふんだんに設けました。完成時には本当に誇らしい気持ちで、自己満足の頂点に達し、友人であるオルダス・ハクスリーに渡して読んでもらうことにしました。二週間後、オルダスに私の偉業ともいえる訳書の感想を求めたところ、こんな答えが返ってきました。「ひどすぎる。今どき誰も読まない教父学者や神学生の最高に退屈な論文よりも数段ひどい。無味乾燥で面白くないし、実際、第三巻を読みたいと思わない」。ショックで言葉も出ないところへ、オルダスはこう続けました。「やり直した方がいい。君のほかの著作がもつ活力をそそいで、つまり文学的で読んでいて面白く、二十世紀に生きる読者の心を惹くものにするんだ。エッセネ派の人たちはお互いに注釈で話をしたりはしなかったはずだ。今のままだと、読者になってくれるのは、この種のものを読むことにマゾ的な喜びを感じそうな神学大学のごく一部の教条主義者しかいないと思う。ただし……」、そして笑いながら、こう付け足しました。「不眠症の治療法としては価値があるかもしれない。毎回、読もうするたびに、ものの数分で寝落ちしてしまっていたから。健康雑誌で、新しい睡眠薬、無害、ノンケミカルとかなんとかっていう触れ込みで何部か売ってみたらどうかな」

オルダスの批判から立ち直るまでには、かなり時間を要しました。何年も原稿を棚上げにしていました。その間にも、エッセネ派の平和福音書第一巻の読者からは、序文で約束していた第二巻と第三巻はどうなっているのかと、数千通もの手紙が世界各地から届き続けました。私はついに思い切って再スタートしました。時の流れは私の態度を軟化させ、友人の批判を違った観点から見ることができたのです。原稿を一から書き直し、古代と現代の両方の人生の大きな問題に取り組む文学や詩のようにしました。原文に忠実にすること、しかも同時に永遠の真実を二十世紀に生きる人間に訴えかけるように示すことは容易ではありませんでした。しかも、そうすることがきわめて重要だったのです。というのも、エッセネ派はとりわけ人々の心を理性で勝ち取ること、さらにその人々の生活の強力かつ鮮明な模範としての地位を勝ち取ることに懸命に取り組んだからです。

悲しいかなオルダスはもういないので、二度目の訳書を読んでもらうことは叶いませんが（注釈がひとつもないのに！）、本書を気に入ってくれるのではないかと思っています。ただし、最終的な判断は読者のみなさんに委ねなければなりません。第二巻と第三巻を、第一巻と同じように気に入っていただければ、私の長い長い年月を費やした努力が報われるというものです。

カリフォルニア州サンディエゴ

一九七四年十一月一日

エドモンド・ボルドー・セーケイ

はじめに

真実に至る道は三つあります。ひとつは意識の道、もうひとつは自然の道、残るひとつは過去代々にわたり蓄積された経験です。その経験を、私たちは全時代の最高傑作の数々という形で受け取っています。有史以前の時代から、およそ人類はこの三つの道をすべてたどってきました。

第一の真実への道、すなわち意識の道は、偉大な神秘主義者たちがたどる道です。その神秘主義者たちは、意識は私たちにとって最も目前にある現実であり、宇宙の手がかりであると考えています。それは私たちのなかにあるものであり、私たちそのものでもあります。全時代を通じて神秘主義者たちは、人間意識の法則に、物質宇宙を支配する法則にはない側面が含まれていることを発見しました。

ある決まった動的な統一性（ユニティ）が私たちの意識のなかに存在し、その意識のなかにあって、ひとつは同時に多数です。私たちは同時にさまざまに思考したり、思いついたり、連想したり、思い描いたり、記憶したり、直観したりすることが可能であり、そういったものが一分一分、一秒一秒の断片のなかにある私たちの意識を占めていますが、この多重性全体は依然として、単独の動的統一性のみを構成することになります。このため、物質宇宙に対して確かなものであり、かつ宇宙物質を理解するのに重要な数学の法則は、二＋二が四になるとは限らない領域である意識の活動範囲では意味を持ちません。神秘主義者らはさらに、自然のなかと物質宇宙全体で普遍的に有効な空間や時間、そして重量のサイズは、ほんの数秒が何時間のようにも、何時間が一分のようにも思えることがある意識には当てはまらない、ということを突き止めています。

私たちの意識は空間には存在せず、つまり空間という条件下では測ることができません。意識には独自の時間がありますが、それは往々にして時間を超越していますから、この道からたどり着くことができる真実に、時間的な尺度を当てはめることはできないのです。偉大な神秘主義者たちは、人間の意識は私たちにとって最も目前にあり、かつ最も奥底にある現実であるだけでなく、同時に私たちの最も近くにあるエネルギー、調和、そして知識の源であることを発見しました。意識のつながり、そこを貫く真実への道は、全時代を通じて人類の偉大な教え、偉大な直観、そして偉大な傑作の数々を生み出しました。つまりそういうものが、エッセネ派の伝統が理解し解釈する真実へつながる第一の道であり、あるいはその源なのです。

偉大なるマスターたちの直観は元来すばらしいものですが、えてして世代を経るごとに存続力を失うというのは、残念なことです。そういった直観は、修正を受けたり、独断的な考えとして歪め、誤って伝えられたりし、さらにはその価値が制度や組織階層の中では弱められてしまうことがあまりにも多すぎます。純粋な直観は時間の砂に埋もれてしまうため、最終的には、その神髄を見抜くことのできる真実を求める者たちの手によって、掘り起こされなければなりません。

もうひとつの危険性は、真実に至るこの道、すなわち意識の道をたどる人たちは、大げさになるきらいがあるということです。そういう人たちは、これが真実に至るただひとつの道だと考えるようになり、それ以外のものには一切注意を払わなくなります。同じくよくあるのが、そういう人たちは人間の意識の特定の法則を妥当性のない物質宇宙に当てはめ、後者の範疇に適した法則を無視することです。神秘主義者は往々にして、自ら人工的な宇宙を創造し、現実からはますます遠く離れ、やがて象牙の塔に住むことによって現実とも生命とも一切の接触をなくし、その生を終えます。

二つ目の道は、自然の道です。ひとつ目の意識の道が内側から始まり、そこから物事の全体へと浸透していくのに対して、この二つ目の道はその反対です。その出発点は外側の世界にあります。科学者の道であり、どの時代にも経験と実験を通じて、帰納法と演繹法を用いてたどってきた道です。科学者は厳密な定量的尺度を用いて作業するものであり、時間と空間のなかであらゆるものを測定し、考えうるあらゆるもの同士の関係を明らかにします。

望遠鏡を使えば、はるかかなたの宇宙空間や、さまざまな太陽系や銀河系を理解することができ、スペクトル解析によって科学者は、宇宙空間のさまざまな惑星の構成要素を測定し、さらには数値計算によって、天体の動きを前もって明らかにするのです。原因と結果の法則を用いて科学者は、生命だけでなく、宇宙の説明と測定に役立つ原因と結果の長い鎖をはっきりさせます。

しかし科学者は神秘主義者と同じく、極端に走ることがあります。どの時代の人間にとっても、科学は人類の生活を変容させ、すばらしい価値を創造してきた一方で、存在、生命、そして宇宙の究極的な問題について完全に満足のいく答えを出すことはできていません。科学者は、原因と結果の長い鎖を粒子のひとつまで完全に把握しますが、鎖の端をどうすればいいのかを知りません。鎖の端をつなぐ確実なポイントがないがゆえに、真実への道によって、自然と物質宇宙を通じて、あらゆる物事のはじまりと終わりに関する壮大かつ永遠の問いに答えることができずにいるのです。

最も偉大な科学者たちは、科学の鎖を凌駕する形而上学の分野ではほかのものがある、つまり、その鎖の端から続くものがあることを知っています。一方で、真実に至るアプローチは、自分たちのもの以外のものを完全に否定し、自分たち自身のカテゴリーや分類にきちんと収まらない事実や現象に現実的な理由があることを認めるのを拒否するような、独善的な科学者たちもいます。

自然を通じた真実への道は、独善的な科学者の道ではありません。それは、第一の道が一方的な神秘主義者の道でないのと同じです。自然は容易に知ることのできる偉大な存在であり、あらゆる時代の偉大な思想家らに与えられた直観を導き出す術を学べば、自然のうちにあらゆるものを見つけることができます。自然の言語を学べば、自然は私たちに生命と宇宙の法則のすべてを開示してくれるでしょう。

人類の偉大なマスターたちがみな時折、自然のなかに引きこもるのはこのためです。ザラスシュトラ［訳注：古代ペルシャのゾロアスター教を開いたとされる預言者］とモーセは山に入り、ブッダは森に、イエスとエッセネ派の人たちは荒野に入りました。そして、意識の道のほかにこの第二の道をたどったのです。二つの道は互いに矛盾することはないどころか、両法則を知り尽くし、お互いに調和的に補完し合います。ですから偉大な教師たちは、とても深遠な驚くべき真実に到達し、数千年にわたって、何百万という人たちに直観を授けてきました。

真実への三つ目の道は、あらゆる時代の偉大な思想家らが獲得し、偉大なる教え、偉大で神聖な書物すなわち聖書、さらには普遍的文学という傑作として私たちに伝えられた智慧、知識、そして経験です。それらが合わさって、今日私たちが普遍的文化と呼ぶものを形成しています。ですから簡潔に言えば、真実への私たちのアプローチは、意識、自然、文化を通じた三つ組みのものになります。

次章以降で私たちは、真実に至るこの三つでひとつの道をたどり、エッセネ派の偉大で神聖な書物の一部を吟味して読み解きます。

この偉大な書物を調べる方法はいくつかあります。ひとつは全神学者らの方法、組織された教会の方法であり、一文一文を文字通り考えるものです。これは独善的な方法であり、長きにわたる石化の過程で生じ、これにより真実が独断的に変容することは避けられません。

神学者が最も容易ながらも一方的なこの道をたどる場合、終わりのない矛盾と混乱に陥るでしょう。

この文書を科学的に解釈し、それを全く価値も効果もないと拒絶する者と同じように、真実からはかけ離れた結論に至ります。独善的な神学者と排他的科学者のアプローチは両極端です。

三つ目の誤りは、ある特定の象徴主義者がするように、その書物の内容は象徴的なもので、ただの寓話でしかないと考えることです。その象徴主義者らは彼ら特有の誇張の仕方により、この偉大な文書について、大いに矛盾する何千もの解釈をします。エッセネ派の精神は、不朽の書物に対するこれら三つの方法とは反対の、まったく異なるアプローチをとります。

エッセネ派の解釈法では、一方では、人間の意識の法則と自然の法則とを調和的に相関させ、他方では、それが書かれた時代と環境の現実と事情を考慮します。このアプローチではほかにも、人々の進化と理解の程度を考慮し、それぞれに対して特定のマスターが自らのメッセージを届けていました。

偉大なるマスターたちはみな、自らの教えを、耳を傾ける者のレベルに合わせなければなりません。そのため教えというものは、通俗的なものであっても深遠なものであっても公式化する必要がありました。通俗的なメッセージは、一般の人々に理解されるものであり、当該の人々や時代に根本的に必要なものに応じてさまざまな規則や形式、作法で表現されました。これと並行して、時代を経てさまざまな深遠な教えが、あるものは文書という形で、またあるものは形式も作法も規則も独断もない生活のなかの慣習という形で受け継がれ、どの時代にも存続し、ごく少数の人々によって守られながら実践されてきました。

次ページ以降、真実の解釈というこの流れで、エッセネ派の平和福音書を翻訳していきます。逐語的で純粋に科学的な解釈という独善的な方法も、象徴主義者の誇張も捨て去り、私たちは私たちの意識と、さらには自然という観点から、エッセネ派の平和福音書を翻訳します。死海写本の作者たちが自ら属していた同胞であるエッセネ派の、素晴らしい伝統と調和しながら。

エノクの幻視　最古の啓示

神が人に話しかける

われはあなたに話しかける。
静かにして　Be still
知りなさい　Know
われ（われ在りが）　I am
神なりと。God.

あなたが生まれたときに
われはあなたに話しかけた。
静かにして
知りなさい
われ

神なりと。

あなたの目が初めて見えたとき
われはあなたに話しかけた。
静かにして
知りなさい
われ
神なりと。

あなたが初めて言葉を発したときに
われはあなたに話しかけた。
静かにして
知りなさい
われ
神なりと。

あなたが初めて思考したときに
われはあなたに話しかけた。
静かにして

知りなさい
われ
神なりと。

あなたが初めて恋をしたときに
われはあなたに話しかけた。
静かにして
知りなさい
われ
神なりと。

あなたが初めて歌ったときに
われはあなたに話しかけた。
静かにして
知りなさい
われ
神なりと。

草原の草の合間から

われはあなたに話しかける。
静かにして
知りなさい
われ
神なりと。

森の木々の合間から
われはあなたに話しかける。
静かにして
知りなさい
われ
神なりと。

谷を通り丘を越えて
われはあなたに話しかける。
静かにして
知りなさい
われ
神なりと。

聖なる山々越しに
われはあなたに話しかける。
静かにして
知りなさい
われ
神なりと。

雨のなか、雪のなかで
われはあなたに話しかける。
静かにして
知りなさい
われ
神なりと。

海の波間から
われはあなたに話しかける。
静かにして
知りなさい

われ
神なりと。

朝露に濡れて
われはあなたに話しかける。
静かにして
知りなさい
われ
神なりと。

夕べの静寂のなかで
われはあなたに話しかける。
静かにして
知りなさい
われ
神なりと。

太陽の輝きを通して
われはあなたに話しかける。

静かにして
知りなさい
われ
神なりと。

星のきらめきを通して
われはあなたに話しかける。
静かにして
知りなさい
われ
神なりと。

嵐の中、雲の中から
われはあなたに話しかける。
静かにして
知りなさい
われ
神なりと。

稲光と雷鳴を通して
われはあなたに話しかける。
静かにして
知りなさい
われ
神なりと。

神秘的な虹の向こうから
われはあなたに話しかける。
静かにして
知りなさい
われ
神なりと。

あなたが孤独でいるとき
われはあなたに話しかけるだろう。
静かにして
知りなさい
われ

神なりと。

古代の叡智を通して
われはあなたに話しかけるだろう。
静かにして
知りなさい
われ
神なりと。

時の終わりに
われはあなたに話しかけるだろう。
静かにして
知りなさい
われ
神なりと。

あなたが私の天使たちを目にするとき
われはあなたに話しかけるだろう。
静かにして

知りなさい
われ
神なりと。

未来永劫にわたって
われはあなたに話しかけるだろう。
静かにして
知りなさい
われ
神なりと。

われはあなたに話しかける。
静かにして
知りなさい
われ
神なりと。

エッセネ派のモーセの書より

十戒

そしてシナイ山は完全に煙に包まれました。主が火に包まれて山に降りられたからです。その煙はかまどの煙のように立ち昇り、山全体が大きく揺れました。

主はシナイ山の山頂に降り立ちました。そして主がモーセを山頂に呼んだので、モーセは登っていきました。

主は山からモーセにこう呼びかけました。「私のところに来なさい。汝の民のための法を授けよう。それは光の子らの契約となるだろう」

モーセは神のもとへ行きました。そして神がお話しになりました。以下はその全文です。

私は法であり、すなわち暗闇の束縛の深みから汝を連れ出した汝の神です。

汝は私をおいてほかのいかなるものをも法としてはいけません。

汝は頭上にある天国の法も、足元にある地上の法も、かたちにしてはいけません。私は目に見えない法、始まりも終わりもない法なのです。

偽の法を作ってはいけません。私が法であり、あらゆる法の統一体です。汝が私を見放すのであれば、汝の元には何代にもわたって災害が訪れるでしょう。

汝が私の戒律を守るのであれば、汝は永遠の海の真ん中に生命の樹が立つ無限の庭に入るでしょう。

法を破ってはいけません。法は汝の神であり、神は汝の潔白を保つことはありません。

天と地は汝の神である法によって汝に与えられていますから、汝の日々が地上で長く続くように汝の大地なる母を敬い、天で永遠の生命が汝のものとなるように天なる父を敬いなさい。

安息日の朝には、汝の大地なる母に敬意を表しなさい。

二日目の朝には、大地の天使に敬意を表しなさい。

三日目の朝には、生命の天使に敬意を表しなさい。

四日目の朝には、喜びの天使に敬意を表しなさい。

五日目の朝には、太陽の天使に敬意を表しなさい。

六日目の朝には、水の天使に敬意を表しなさい。

七日目の朝には、空気の天使に敬意を表しなさい。

汝らが生命の樹が立つ無限の庭に入るよう、汝は、ここに示した大地なる母の天使たちみなに敬意を表し、汝自身をその天使たちにささげなさい。

安息日の夕べには、汝の天なる父を崇拝しなさい。

二日目の夕べには、永遠の生命の天使と心を通わしなさい。

三日目の夕べには、仕事の天使と心を通わしなさい。

四日目の夕べには、平和の天使と心を通わしなさい。

五日目の夕べには、力の天使と心を通わしなさい。

六日目の夕べには、愛の天使と心を通わしなさい。

七日目の夕べには、叡智の天使と心を通わしなさい。

汝の魂が溢れる光を浴び、無限の海に入れるよう、汝は、ここに示した天なる父の天使たちみなと心を通わしなさい。

七日目は安息日です。汝はそれを覚え、その日を聖なるものとしつづけなさい。安息日は汝の神である法の光の日です。その日に汝は業というものを一切せず、光を、汝の神の天国を求めなさい。そうすれば、あらゆるものが汝に与えられるでしょう。

汝らは、六日間は天使たちとともに勤め、七日目には、神聖な法である汝の主の光のなかで過ごすのだということを知っておきなさい。

汝は殺生をしてはいけません。生命は神にのみ由来します。生命を与えるのも取り上げるのも神なのです。

汝は愛を貶めてはいけません。愛は天なる父の神聖なる贈り物です。

汝は自らの魂を売ってはいけません。それは愛ある神のとても貴重な贈り物なのです。この世の金持ちは、石だらけの土地にまかれて自ら根付かない種のようであり、そうであるがゆえに少しの間しか耐えられません。

汝は法を偽証して、汝の同胞に不利になるように用いてはいけません。神のみがあらゆる物事の初めから終わりまでを知っていて、神の目は絶対であり、神は神聖な法だからです。

汝は隣人の所有物をむやみに望んではいけません。汝が主である汝の神の戒律を守っていれば、法は汝にそれよりもはるかに大きな贈り物、天や地すらも与えます。

モーセは主の声を聞き、主と光の子らとの契約を自らの内にしっかりととどめました。

モーセはきびすを返して山を下り、その手には二枚の法の石板がありました。

石板は神が創られたものであり、記された文字は神が刻んで書かれたものでした。

人々はモーセに何が起きたかを知らず、ひとところに集まって、自分たちの金のイヤリングを断ち切って、溶かした金で子牛を作っていました。そしてその偶像を崇拝して、そこに焼いた供物をささげていました。

そして人々は、自分たちが作った金の子牛の前で飲み食いし、踊り、主の前で腐敗と邪悪に陥っていました。

そして、このようなことが起こりました。モーセは宿営地の近くにくるや否や、子牛と、人々の踊りと不道徳を目にしたのです。モーセは怒り、持っていた石板を投げ、山のふもとで割ってしまいました。

そして、翌日にこのようなことが起こりました。モーセは人々に言いました。「汝らは大罪を犯し、汝らの創造主の存在を否定した。私は主のところまで行き、汝らの罪に対する償いを懇願する」

そしてモーセは主のところに戻り、こう言いました。「主よ、あなたはあなたの聖なる法の冒瀆を目にしてしまいました。あなたの子らは信心をなくし、闇を賛美し、自分たちのために金の子牛を作りました。主よ、あの者たちをおゆるしください。あの者たちは光に気づいていないのです」

すると主はモーセにこう言いました。「見よ、時の始まりに、神と人との間で約束が取り交わされ、創造主の聖なる炎が人に宿りました。そして人が神の子とされ、初子の相続財産を守り、そして父の土地を肥沃にして、それを神聖に保つことを許されました。自分の中から創造主を追放する者は、自らの産まれながらの権利に唾していることになるようなものであり、神の目のなかにはもはや、嘆かわしい罪は存在しません」

そして主は言いました。「光の子らのみが、法の戒めを守ることができるのです。今から私の言うことを聞きなさい。汝が割ってしまった石板は、二度と人の言葉で書かれることはないでしょう。汝がそれを大地に戻して燃やせば、目に見えないものの、法に従うことができる人の心に生きるでしょう。信心がほとんどない人々、神の前で神聖な地に立っていながらも、創造主に逆らって罪を犯した人々に、私からもうひとつ法を与えましょう。それは軸となる法であるだけでなく、光の王国をまだ知らない人々を縛りつけます」

するとモーセは、目に見えない法を胸の内に隠し、光の子らへの合図としてしまっておきました。神はモーセに、人々のための字で書かれた法を与え、モーセは人々の元へ戻って悄然と話しかけました。

モーセは人々にこう言いました。「神が汝らにお与えになった法を今から伝えます」

汝は私のほかに、何者をも神としてはならない。

汝は自分のために、いかなる偶像をも作ってはならない。

汝は主である汝の神の名をみだりに唱えてはならない。

安息日を覚えておき、それを聖なるものとしなさい。

汝の父と母を敬いなさい。

殺しをしてはならない。

姦淫してはならない。

盗みをしてはならない。

隣人の不利になる偽証をしてはならない。

隣人の家も、妻も、隣人のものであるいかなるものも、むやみに欲しがってはならない。


そして、創造主への大罪に対して、終わりのない悲しみと償いの日がありました。壊された目に見えない法を記した石板は、光の子らが砂漠に現れ、天使たちが地上を歩くことが起こるまで、モーセの胸の内だけにありました。

聖餐

川底のそばに、疲れ果てて苦しんでいる人々が再びイエスを探してやってきました。その人々は子どものように法を忘れてしまい、また、父親を探してどこで道を誤ったのか示してもらい、再び本来の道に連れ戻してもらいたがっている迷い子のようでした。太陽が大地の縁から登ったとき、頭にご来光をまとったイエスが山からこちらに向かってくるのが見えました。

イエスは頭を上げて、人々に微笑みかけながら、「あなた方に平和がありますように」と言いました。

しかし人々は、恥ずかしくてあいさつを返せませんでした。それぞれに神聖な教えに背を向け、大地なる母に仕える天使たちも、天なる父も天なる父に仕える天使たちも一緒にはいなかったためです。ある男が苦悶のあまり顔を上げて、こう言いました。「師よ、私たちはあなたの智慧がなくてひどく困っています。私たちは良いことを知っているのに、悪に従っています。私たちは、天の王国に入るためには、昼と夜の天使たちとともに歩まなければならないことを知っていますが、足は悪の道を歩んでいます。日中の光は喜びの追求のみを照らし、夜になると不注意にも酒で意識をなくします。師よ、教えてください。どうすれば天使たちと話ができ、天使たちの神聖な領域のなかにとどまれ、法が心のなかで絶えることのない炎によって燃え続けるのでしょうか」

イエスはこう言いました。

「天に目をやることは
皆の目が地面を見ているときには
容易ではありません。
天使たちの足元で崇拝することは
皆が名声や金持ちのみを崇拝しているときには
容易ではありません。
しかし何よりも難しいのは
天使の考えを思い描くこと、
天使の言葉を口にすること、
そして、天使のように振る舞うことです」

すると、ある者が言いました。「でも師よ、私たちは人であって、天使ではありません。ではどうすれば、天使たちの道を歩むことなど望めるのでしょうか。私たちがしなければならないことを教えてください」

するとイエスはこう言いました。

「息子が父の土地を相続するように
私たちは父親から
聖地を引き継ぎました。
この土地は耕作する畑ではありません。
私たちのなかにある場所であって
そこに私たちは聖堂を建てます。
神殿を建立するのも
一石ずつでなければならないように
私はあなた方に
聖堂を建設するための石を与えることになりますが
それは私たちが父から、
父はさらにその父から
引き継いだものです」

人々はみなイエスの周りに集まり、その唇から出てくる言葉を聞きたいという願望で顔が輝いていました。イエスが朝日の方に顔を向けると、その光線の輝きが目に満ちて、イエスが話しました。

「聖堂を建てることができるのは
古くからの聖餐、すなわち
話されるもの
考えられるもの
そして生きたもののみです。
口で話すだけというのは
ハチたちが見捨ててしまった
ハチミツも作られない
生命を失ったハチの巣のようなものだからです。
聖餐は人と天使たちをつなぐ
架け橋であり、
そして橋のように
忍耐によってのみ造ることができ
しかも、川をまたぐ橋のように
水辺に基礎が置かれ
一石ずつ造られます。

聖餐は数の上では十四あって、
天なる父に仕える天使たちとして
七、
大地なる母に仕える天使たちとして
七です。
そしてちょうど、木の根が
土のなかに食い込み、栄養を取り込むように
そして木の枝が
天に向けて腕を伸ばすように
人は木の幹に似ています。
根は深く
大地なる母の胸のなかに
人の魂は高く
天なる父の明るい星々に向かって
そして木の根は、
大地なる母に仕える天使たちであり
木の枝は、
天なる父に仕える天使たちです。
そしてこれは、生命の神聖な樹であり

永遠の海にそびえています。

第一の聖餐は太陽の天使とともに行ない
この天使は、世界に黄金の光を放つために
控室から現れる花嫁のように、
毎朝やってきます。
おぉ、汝は不死身で、輝いて、駿馬に乗った太陽の天使！
汝なくしては温もりもなく
汝なくしては火もなく
汝なくしては生命はありません。
木々の青い葉が
汝を賛美し、
汝を通して小さな小麦の一粒が
風になびく
黄金の草の川となるからです。
私の身体の中心にある花は
汝を通して開きます。
ですから、私は決して汝から
姿を隠すようなことはしません。

太陽の天使
大地なる母の聖なる使者よ
私の内側にある聖堂に入り
私に生命の火を与えたまえ！

第二の聖餐は水の天使とともに行ない
この天使は、乾ききった平野に雨を降らせ、
干上がった井戸を溢れるほどまで満たします。
そのうえ、私たちは汝
生命の水を賛美します。
天の海から
水は流れ
そして決して枯れることのない泉から
前へと流れます。
私の血流には、
千の澄んだ泉、
蒸気、雲、
七つの王国に行きわたる
水という水が流れます。

創造主が作られた水はみな
神聖です。
主の声は水の上に響く。
栄光の神の雷鳴はとどろき、
主は数々の水の上にいます。
水の天使
大地なる母の聖なる使者よ
私のなかを流れる血液に入り
天から降る雨で
私の身体を洗い
私に生命の水を与えたまえ！

第三の聖餐は空気の天使とともに行ない
甘い香りがする野原の
雨上がりの春の草の
シャロン平野のバラの
ほころび始めた蕾の
芳香を漂わせます。

私たちは、創造されたどんなものよりも
高いところにある
聖なる息吹を賛美します。
見よ、数えきれない星々を支配する
永遠かつ最高の明るい空間は
私たちが吸い込む空気
吐き出す空気です。
息を吸って吐く
その合間の瞬間に、
無限の庭の神秘がすべて隠されています。

空気の天使
大地なる母の聖なる使者よ
空からツバメが急降下するように
私の奥深くに入りたまえ。
風の秘密と
星々の響きがわかるように。

第四の聖餐は大地の天使とともに行ない

この天使は、地上の豊かさから
穀物とブドウの実を実らせ
また、夫と妻の腰から生まれた
子らを育てます。
夫は左右の腕で大地を耕し、
その夫に対して天使は
大地が広がるかぎり
川が進むかぎり
太陽が昇るかぎり
春に
大地に成長する
豊かな果物と穀物、
そして黄金色の植物を生み出し、
食物という贈り物を授けます。
私は、この広い大地が実をつけ、
結実の盛りにある汝の母
そして道々に沿ってたわわに実る
聖なる植物を
褒めたたえます。

さらに私は、汝が育ち、
甘い香りがたちどころに広まる大地を
大地なる母のすばらしい成長を褒めたたえます。
穀物、植物、果物の種をまく主が
法の種をまきます。
主の収穫は十分にあり
主の作物は丘の上で熟すでしょう。
法の従者たちに対する褒美として
主は大地の天使を
大地なる母の聖なる使者を遣わし
植物を成長させ
女性の子宮を多産にしますから
地上から子らの笑い声がなくなることは
決してありません。
女性のなかにある主を賛美しましょう!

第五の聖餐は生命の天使とともに行ない
この天使は、人を強くし、元気を与えます。
見よ、蜜蠟が純粋でなければ

ロウソクの炎はどうやって燃え続けることができるでしょうか。
高く成長する木のところへ行き
美しく、高く育つ
勢いのよい一本の木の前で
次のように言うのです。
「汝に歓迎を！　おぉ、創造主によって作られた
生き生きとした木よ」。
すると生命の川は、
あなたと兄弟、
すなわち木との間を流れ
身体の健康も
足の速さも
耳の聞こえの鋭さも
腕の力も
ワシの目の視力もあなたのものです。
それが、大地なる母の聖なる使者
生命の天使とともにある
聖餐です。

第六の聖餐は喜びの天使とともに行ない
この天使は地上に降りてきて
すべての人間に美を与えます。
というのも、主は悲しみや、
絶望の叫びによって
賛美されるものではないからです。
うめき声も悲嘆の声もあげるのはやめて
新しい歌を主に向かって歌いなさい。
全地よ、主に向かって歌いなさい。
天よ、喜び祝いなさい。
大地よ、喜び躍りなさい。
畑を喜ばび勇め
潮よ、手を打ち鳴らし、
山々よ、共に喜び歌いなさい。
主を迎えて。
というのも、あなたは喜び祝いながら出で立ち
平和のうちに導かれて行くからです。
山や丘はあなたたちを迎え
歓声をあげて喜び歌うでしょう。

喜びの天使、
大地なる母の聖なる使者よ、
私は生きているかぎり、
主に対して歌うでしょうし、
私が私という存在であるかぎり
神を歌って讃美するでしょう。

第七の聖餐は
私たちの大地なる母とともに行ない
母は天使たちを遣わして、
人の祖先を導き、
天使たちを清められた土のなか深くに遣わします。
私たちは、大地なる母を！
神聖な守護者を！
そして扶養者を、呼び覚まします！
世界を復活させるのがこの母です！
大地は母のものであり、
その充足が世界であり、
そこに住む天使たちです。

私たちは、善良で、力強く、
情け深い大地なる母と
母に仕え、
寛大で、勇敢で、
力に満ちあふれた
幸福を授け、やさしく
健康をもたらす
あらゆる天使たちを賛美します。
母の輝きと栄光を通じて
決して枯れることのない泉によって
植物は大地から成長します。
母の輝きと栄光を通じて
風が吹き、
決して枯れることのない泉の方へ
雲を押しやります。
大地なる母と私はひとつです。
私の起源は母にあり、
聖なる法に従って
母は私のなかで歓喜しています」

聴衆はイエスの言葉を黙考したため、その場は静まり返っていました。人々のなかには新しい力が生まれ、願望と希望の光が人々の顔に現れました。すると、ある者が言いました。「師よ、私たちは、大地なる母に仕え、大地の偉大な庭を造った天使たちとの交流を始めたいとひたすら切望しています。しかし、天なる父に仕え、夜を支配している天使たちはどうなのでしょうか。私たちのはるか上にいて、私たちの目には見えないその天使たちには、どうすれば話しかけられるのでしょうか。私たちは太陽光線を見ることはできますし、川に入れば冷たい水を感じることができますし、木になっているブドウは紫に熟すほどに触れると温もりがあります。しかし、天なる父に仕える天使たちは見ることも、声を聞くことも、触れることもできません。どうすれば話しかけたり、無限の庭に入ったりできるのでしょうか。師よ、私たちがしなければならないことを教えてください」

イエスが人々に向かって話したとき、朝の太陽はイエスの頭を後光のように包み込みました。

「わが子らよ、あなた方は、大地と
そこに住むすべてのものが
天なる父の王国を
映したものでしかないことを知らないのでしょうか。
子どもの頃に母親から
乳を与えられ、あやされていても、

成長すると
父親の元へと野原に行くように、
大地なる母に仕える天使たちは
あなた方が本当の家を知って
神の真の子らになるように
あなた方を導いて
父と、父の聖なる天使たちみなの元に向かわせます。
私たちは子どもの間
太陽光線を見るでしょうが
それを創った力を見ることはありませんし、
子どもの間
小川が流れる音は耳にするでしょうが
それを創った愛の音を聞くことはありませんし、
子どもの間
星々は見るでしょうが、
農家が種をまくように
それを空にまき散らす手を見ることはありません。
天なる父の天使たちとの
聖餐を通してのみ

私たちは見えないものを見て
聞こえないものを聞くこと
無言の言葉を話すことを学ぶことになります。

第一の聖餐は
力の天使とともに行ない、
太陽を熱で満たし
どんな仕事のときにも
人の手を引いてくれます。
あなたの、おぉ、天なる父！
私たちひとりひとりとみなのために
あなたが道を指し示したとき、
それは力そのものでした。
あなたの力を通じて
私の足は、
法の道をたどり、
あなたの力を通じて
私の手はあなたの仕事をするでしょう。
力の黄金の川が

常にあなたから私へと流れ、
花が太陽の方を向くように、
私の身体は常にあなたの方に向いていきますように。
というのも、天なる父より来るそれを除いて
いかなる力も存在せず、
ほかのものはみな塵の夢、
太陽の前を通る雲でしかないからです。
スピリットを凌駕する
力を持つ者はおらず、
死の日をつかさどる者もいません。
神に由来する力のみが、
私たちを死の町から連れ出すことができます。
私たちの仕事と行いを導いてください、
おぉ、力の天使よ、
天なる父の神聖な使者よ！

第二の聖餐は
愛の天使とともに行ない
この天使の癒やしの水は、

永遠の海から、
果てしない川へと流れます。
最愛の人よ、お互いを愛しましょう。
愛は天なる父のものであるためであり、
恋をする誰もが
天国の秩序の子として生まれ
天使を知っているからです。
愛がなければ、
干上がった井戸の底のように
人の心は干からびて砕け、
その人の言葉は、
中身のないひょうたんのように空虚です。
しかし、愛のある言葉はハチの巣のように
魂に甘く沁み
人の口から発せられる愛のある言葉は
深海のようで、
愛の水源は流れる小川のようです。
しかも、古《いにしえ》の人が言ったのは、
汝は天なる父を

心の奥深くから
全思考を傾け
あらゆる行いによって愛し、
そして汝自身のように
汝の兄弟を愛しなさい。

天なる父は愛であり、
愛のなかに住んでいる人は
天なる父のなかに住み、
天なる父はその者のなかに住んでいます。
愛さない人は
巣から追い出され
草が枯れ、小川の水が苦いために
さまよう小鳥のようです。
もしある人が、
私は天なる父は愛しますが、
自分の兄弟は嫌いですと言ったら、
その人は嘘つきです。
見知っている自分の兄弟を愛さない人が

どうやって、見たこともない天なる父を
愛することができるのでしょうか。
これによって私たちは光の子らを
愛の天使とともに歩く光の子らを知りますが、
それはその子らが天なる父を愛し、
自分たちの同胞を愛し
聖なる法を愛するからです。
愛は深海の潮流よりも強く、
死よりも強いのです。

第三の聖餐は
叡智の天使とともに行ない
人を恐れから解放し、
心を広くさせ、
分別を持たせてくれ、
聖なる智慧、つまり
聖なる巻物のように
絶え間なく
展開していく理解力は

学習によるものではありません。
あらゆる智慧は、
天なる父からもたらされ、
永久に父とともにあります。
誰が、
海の砂の一粒一粒を
雨のしずく一滴一滴を
永遠の一日一日を数えることができるでしょうか。
誰が、
天の高さを
大地の広さを知ることができるでしょうか。
誰が智慧の始まりを
知っているでしょうか。
智慧は万物よりも前に
創造されていました。
智慧のない人は
木材に対して「目を覚ましなさい」と言い、
物言わぬ石に対して、
「起きて教えてください」と言うような人のことです。

つまりその人の言葉が空虚で、
父親の剣を振り回し、
刃先を知らない子どものように行いが危険です。
しかし、智慧の冠は
いずれも神の贈り物である
平和と完全な健康で溢れさせます。
おぉ、汝、天の秩序よ！
汝、智慧の天使よ！
私は汝と、天なる父を崇拝し、
天なる父のおかげで私たちの内側にある思考の川は
永遠という聖なる海に向かって
流れています。

第四の聖餐は
永遠の生命の天使とともに行ない
永遠のメッセージを
人にもたらします。
というのも、天使とともに歩むその人は
雲の上まで

空高く舞い上がることを学び、
そしてその人の家は
神聖な生命の樹が立つ
永遠の海の中にあるからです。
大いなる神秘をつまびらかにするために
死を待ってはいけませんし、
天なる父を知らなければ
あなたの足が埃っぽい土を踏んでいても
これからの人生には汝の影以外
何もないでしょう。
今、ここで
神秘はつまびらかにされます。
今、ここで、
カーテンが上がります。
恐れてはいけません、おぉ、人よ！
永遠の生命の天使の
翼をつかまえ、
星々、月、太陽
そして無限の光の道へと

舞い上がり
永遠に旋回する円の中を動き回って
そして、永遠の生命の
天の海に向かって飛びなさい。

第五の聖餐は、
仕事の天使とともに行い、
その歌声は休まず黄金のハチミツを作る
ミツバチの羽音、
羊の群れが道に迷ってはいけないからと眠らない
羊飼いの笛の音、
紡いだ糸に手を置いた、少女の歌となります。
もし、あなたが、
そのいずれもが主の目から見て、
最も高い山からこだまとなって戻ってくる最も高貴な祈りほどの
正しさはないと思うのであれば、
あなたは思い誤っています。
というのも、謙虚な手による正直な仕事は
神への感謝を日々祈ることであり

耕作の音楽は
主への喜びの歌だからです。
怠惰というパンを食べる者は
きっと飢え死にするでしょう。
なぜなら石だらけの畑は
石しか生み出さないからです。
その者にとって日中は無意味であり
夜は不吉な夢という厳しい旅となります。
怠け者の頭の中には
不満の雑草が生い茂りますが、
仕事の天使とともに歩む者は
自らの内に常に肥沃な畑があり
トウモロコシやブドウ
そして、あらゆる種類の甘く香る草花が
豊かに育ちます。
汝らは種をまき、それを刈り取るでしょう。
自らの任務を見つけた神の人は
ほかに天の恵みを求めることはありません。

第六の聖餐は
平和の天使とともに行ないます。
その天使の口づけは心を穏やかにし、
その顔はまるで
月がきれいに映る凪いだ水面のようです。
私は平和を請い、
その吐息はやさしく
その手は困惑した顔を穏やかにします。
平和の時代には
飢えも渇きもなく、
冷たい風も熱い風も吹かず、
老いも死もありません。
しかし、魂が平和でない人には、
自分の内側に
聖堂を立てる場所はありません。
大工はどうやって、旋風のただなかで
建物を建てられるというのでしょうか。
暴力の種は
荒廃しか収穫できず

干からびた泥土に
いのちあるものは育ちません。
そこで汝らが求めるのは、
雲間から見える明けの明星のような
満月のような
実のなった美しいオリーブの木のような
いと高きところにある神殿を照らす太陽のような
平和の天使です。
平和は静かな心に宿りますから
静かに、そして知りなさい、われ神なりと。　Be still, and know that I am God.

第七の聖餐は
天なる父とともに行ないます。
その存在は現在も
過去も、そして
未来永劫にわたってあります。
おぉ、偉大なる創造主よ！
あなたは天の天使たちを創造され
あなたは天の法を

つまびらかにされました！
あなたは私の避難場所であり、要塞であり
あなたは永遠からきました。
主よ、あなたは代々にわたって
私たちの居住場所でありました。
山々が生まれる前、
あるいは、あなたが大地を形成する前、
永遠の昔から未来永劫にわたって
あなたは神です。
誰が水を作り、
誰が植物を作ったのでしょうか。
嵐雲も、
足の速い人も、最速の人ですら
風と結び付けたのは誰でしょうか。
おぉ、偉大なる創造主よ！
私たちの魂のなかの
永遠の生命の源泉は誰でしょうか。
光と闇を作り出したのは誰でしょうか。
睡眠を作り、起きている時間の喜びを

作り出したのは誰でしょうか。
真昼と
真夜中を広めたのは誰でしょうか。
おぉ、偉大なる創造主よ！
あなたはそのお力で
大地を作り
その智慧で
世界を創設し、
その愛で
天国を大きく広げられました。
あなたは私に、
おぉ、天なる父、
あなたの聖なる王国の
天使たちの力である
あなたの本質を明らかにされています。
不死と天の秩序を
そして万物の最上のもの、
あなたの神聖な法を！
おぉ、創造主よ、あなたが与えてくださいました。

私はあなたの御業を
絶え間なく、
全世代を通じて
感謝の歌とともに賛美します。
昼の到来とともに
私は母を抱きしめ、
夜の到来とともに
父とつながり、
夜と朝が出ていくのとともに
両者の法を吸い込みます。
そして私は、以上の聖餐を
時間の終わりまで妨げません」

そして、天と地の上には大いなる静けさがあり、天なる父と大地なる母の平和が、イエスと大衆の頭上を照らしました。

エッセネ派のイエス書より

七倍の平和

イエスは大衆を見て山に登って行くと、弟子たちとイエスの言葉に飢えた者たちがこぞってついてきました。人々が集まっているのを見て、イエスは口を開いてこう言いました。

私は汝、私の子らのところに平和を
大地なる母と
天なる父の
七倍の平和をもたらします。
力の天使に導かれ、
私は汝の身体に平和をもたらし、
愛の天使に導かれ、
私は汝のハートに平和をもたらし、
叡智の天使に導かれ、
私は汝のマインドに平和をもたらします。
力、愛そして叡智の

天使たちを通じて、
汝は、無限の庭の
七つの道を行き、
汝の身体、ハートそしてマインドは、
天の平和の海へと飛翔して
一体性《ワンネス》に加わるでしょう。

さらに、汝に真に告げましょう。
道は無限の庭を通って
七つあり、
汝がよろめいて
空虚の深みに落ちてしまわないよう、
そのひとつずつを
身体、ハートそしてマインドが一体となって
横切らなければなりません。

鳥は片翼では飛べないように
汝の智慧の鳥も、
奈落の上を飛び越して、

聖なる生命の樹へと至るために、
力と愛の両翼が必要です。

身体だけというのは
遠くから見た廃墟と同じで
美しいと思われたものも
近づいてみると
破壊され、荒らされています。
身体だけというのは
金から形作られたひとり乗りの戦車のようなもので
作り手はそれを台座に乗せ、
使って汚れるのを嫌がります。
しかし金の偶像と同じで
醜くて品がなく
動くことによってのみ
作られた目的にそうのです。
風がロウソクの火を吹き消したときの
窓のうつろな暗さのように
身体だけでは

光で満たすための
ハートもマインドもないのです。

ハートだけというのは、
照らす対象の大地がない太陽、
無駄な光、
暗黒の海に沈んだ暖かい球体と同じです。

人が愛しても
すぐれた作品に差し伸べる手がなく、
その愛は自身の破壊にのみ向かいます。
そして讃美歌というタペストリーへと
願望の炎を織り込むマインドがなければ、
その愛は自滅に向かうだけです。
ただハートのみでは砂漠の竜巻のようなもので、
杉や松を通じて
歌うことへと向かわせる
身体もマインドもありません。

マインドだけというのは
年月を経て擦り切れて薄くなった
聖なる巻物のように、
埋もれているに違いありません。
そこに書かれた言葉の真実と美は
変化していませんが、
もはや色あせた文字を読むことはできず
手に取ると粉々になります。
言葉を与えるハートがなく、
行動する身体のないマインドにも、
同じことが言えます。
感じるハートも
声を出す舌もない智慧は
何の役に立つのでしょうか。
老いた女性の子宮のように実を結ばないのが、
マインドだけの状態であり、
そこには生命を満たすためのハートも身体もありません。

見よ、汝に真に告げよう、

身体とハートとマインドは
ひとり乗りの戦車と馬とその御者です。
戦車は、
天なる父と
大地なる母の
意志を貫くために力強く前進する
身体です。
ハートは燃え立つ馬であり、
輝かしく、そして勇ましく、
道が平坦であろうが
足元に石や倒木があろうが
戦車を勇敢に牽きます。
その御者がマインドであり、
智慧という手綱を握り、
はるか地平線に何が待ち受けているかを
高みより見張りつつ、
ひづめと車輪の道筋を地図に書き込んでいます。

耳を傾けよ、おぉ、汝らの天よ

私は話します。
聞きなさい、おぉ、大地よ
私の口から出る言葉を。
私の教えは雨粒のように降り、
私の話は露のようにしたたるでしょう。
柔らかい草についた
霧雨のように、
牧草に降りかかる夕立のように。

ご加護を受けるのは
身体たくましい光の子です。
大地と一体となるだろうからです。
汝、大地の天使の贈り物である
金の小麦とトウモロコシ、
秋の紫のブドウ、
木々に実った果実、
琥珀色のハチミツを残らず受け取り
日々の楽しみを祝いなさい。
汝、森や畑の

新鮮な空気を求め、
そのただなかに
空気の天使を見つけなさい。
靴も服も脱ぎ捨て
空気の天使に
抱かれるがままにするのです。
そして汝は、空気の天使が
内側にもたらされるよう
長い深呼吸をしなさい。
冷たい川の流れのなかに入り、
水の天使に
抱かれるがままにしているのです。
自ら全身で抱擁する腕のなかに飛び込み
呼吸をして空気を動かすたびに、
身体で水をも動かすのです。
汝、太陽の天使を求め
そしてその腕に抱かれ、
聖なる炎で浄化されるのです。
そのいずれもが、汝を生んだ

大地なる母の聖なる法です。
身体が平和であることを知った者は、
聖堂を建て、
そこには神のスピリットが
永久に住まうでしょう。
汝のマインドによってこの平和を知り、
汝のハートによってこの平和を望み、
汝の身体によってこの平和を満たしなさい。

ご加護を受けるのは
賢明なマインドの
光の子です。
天を創造するだろうからです。
賢明なマインドは
よく耕された畑であり
富裕と豊穣とを生み出します。
ですから汝が賢明な人に
一握りの種を見せれば、
その者はマインドの目で

黄金の小麦の畑を見るでしょう。
愚かな人に
一握りの種を見せても
その者は目の前にあるものだけを見て、
価値のない小石だと言うでしょう。
賢明な人の畑では
小麦の粒が豊富に生まれ、
愚かな人の畑では
石しか拾うことができないように、
それは私たちの思考とともにあります。
小さな穀粒に秘められた
黄金の小麦の束のように
天の王国は
私たちの思考のなかに隠されています。
天なる父に仕える天使たちの
力と愛と智慧で
思考が満たされれば、
私たちは天の海へと
運ばれるでしょう。

しかし、もし思考が
腐敗、嫌悪、無知に染まっていれば、
痛みと苦しみの柱に
足を鎖でつながれるでしょう。
人は誰もが二人の師には仕えられず、
邪悪な思考は、法という光で満たされたマインドに
とどまることはできません。
マインドの穏やかさを知った者は
天使の領域の
はるか彼方に飛び立つことを学んでいます。
汝のマインドによってこの平和を知り、
汝のハートによってこの平和を望み、
汝の身体によってこの平和を満たしなさい。

ご加護を受けるのは
ハートが純粋な光の子です。
神を見るだろうからです。
それゆえに天なる父が汝に
その聖なるスピリットを与え、

大地なる母が汝に
その聖なる身体を与えるように、
汝は自らの兄弟全員に
愛を与えるでしょう。
そして汝の真の兄弟らはみな、
天なる父と
汝の大地なる母のご意思に従います。
汝の愛を太陽にして
大地の生きとし生けるものを照らし
草の細い葉一枚を
ほかよりひいきすることはありません。
この愛は泉のように
兄弟から兄弟へと流れ、
愛を使いつくしても
再び満たされます。
愛は永遠だからです。
愛は、
深海の流れよりも強いのです。
愛は、死よりも強いのです。

愛のない人は、
大地の生きとし生けるものと
自らとの間に壁を作り、
壁の内側で
孤独で苦しみながら暮らします。
あるいは、怒りの渦となって、
近くに浮かぶものをことごとく、
渦の深みに吸い込んでしまいます。
ハートは激しく波立つ海ですから、
愛と叡智によって必ずやそれは鎮まります。
暖かい太陽が雲を切り開けば、
波立つ海は静まります。
兄弟らと仲良くしている者は、
愛の王国に入ったのであって
神と対面するでしょう。
汝のマインドによってこの平和を知り、
汝のハートによってこの平和を望み、
汝の身体によってこの平和を満たしなさい。

ご加護を受けるのは
いずれの世界にも住まうだろう
地上に天の王国を建設する
光の子です。
汝は、
富を持たず、
誰も貧しくなく、
みなともに
同胞団の庭で働くべしと言う
同胞団の法に従うのです。
とはいえ、みな各々の道を進み、
自身のハートと語り合いなさい。
というのも、無限の庭では、
いろんな花がたくさん咲いているからであり、
色が紫だから
それが一番いいとか、
茎が細長いから好感が持てるなどと、
誰が言うでしょうか。
兄弟たちは

肌の色が違っても、
大地なる母のブドウ園で
みなせっせと働き、
天なる父を称賛して
皆一斉に声を張り上げます。
そして、みなで聖なるパンをちぎり
静寂のなかで
聖なる感謝の食事をともにします。
大地を覆う
同胞団の庭が一つになるまでは
人々の間に平和はないでしょう。
各人が自らの利益を追求し、
自らの魂を売って奴隷になっていながら
どうして平和がありうるでしょうか。
汝、光の子よ、
兄弟同士集まって
聞く耳を持つ者たちに
法の進め方を教えるために
行きなさい。

人の同胞団と
仲良くしている者は、
自らを神の協力者とします。
汝のマインドによってこの平和を知り、
汝のハートによってこの平和を望み、
汝の身体によってこの平和を満たしなさい。

ご加護を受けるのは、
法の書を学ぶ光の子です。
夜の暗闇を照らす
ロウソクとなり
欺瞞の海に浮かぶ
真実の島となるだろうからです。
神からもたらされる書き言葉は
天の海を映したものであり、
それはちょうど、輝く星々が
天の顔を表すようであることを知っているからです。
いにしえの星々の言葉が
神の手によって、

聖なる巻物に刻まれているように、
法は、それを学ぶ
信者のハートに刻み込まれています。
というのも、古い言い伝えでは、
当初、地中の巨人たちと、
高齢で高名な力ある人たちがいたからです。
光の子らは、
私たちが再び、
天使の王国を知らない獣にならないように、
彼らの書き言葉を
守り保護するでしょう。
また汝は、
地面から流れ出す泉は、
大地の下の奥底に隠れた源泉があるように、
書かれた言葉を通じてしか
書かれざる法を見つけることは
できないことを知りなさい。
文字で表された法は、
声を出さない木の枝が、

羊飼いが手にすれば
音を奏でるフルートになるように、
書かれざる法を理解する道具です。
子らが遊び、
蝶が太陽に照らされて、
短い生涯を舞う
平穏な無知の谷に
とどまる者が大勢います。
しかし誰も、そこに長くとどまることはできず、
前方には、学びという
憂鬱な山々がそびえ立ちます。
そこを越えていくのを恐れる人が
大勢いて、
険しくて岩だらけの坂道から
転げ落ちて傷つき、血を流している人が
大勢います。
しかし信心が
口を開けた峡谷をわたるのを導き
忍耐力が、ごつごつした岩場で足掛かりとなります。

苦闘という氷で覆われた峰々を越えた先に
知識の無限の庭の
平和と美があり、
そこで光の子らは、
法の意味を知らされます。
その森の中心であるここに、
謎のなかの謎である
生命の樹が立っています。
マインドの光を通じて、
自然の光を通じて、
そして、聖なる世界の言葉を学ぶことを通じて、
古代の教えを得て
平和を知った者は、
雲で覆われた
古代の広間に入っていきます。
そこには聖なる同胞団が住んでいますが、
誰ひとりとして話しません。
汝のマインドによってこの平和を知り、
汝のハートによってこの平和を望み、

汝の身体によってこの平和を満たしなさい。

ご加護を受けるのは
大地なる母を知る
光の子です。
彼女は生命をもたらすからです。
汝の母は汝のなかにあって
汝は母のなかにあることを知りなさい。
母は汝を生み
汝に生命を与えます。
汝に身体を与えたのも母であり、
汝はいつの日か
それを母に返すでしょう。
汝のなかを流れる血液は、
汝の大地なる母の血液から
生まれていることを知りなさい。
母の血液は雲から降り、
大地という子宮から飛び上がり、
山々の小川をさらさら流れ、

平野の川をゆったりと流れ、
湖で眠り、
大荒れの海で激しく怒ります。
汝が呼吸する空気は、
汝の大地なる母の呼吸から
生まれていることを知りなさい。
母の呼吸は
天の高さにおいては紺碧で、
山々の頂ではヒューヒューと鳴り、
森の葉の間で囁き、
トウモロコシ畑をうねりながらわたり、
深い谷までまどろみ、
砂漠でかっかと燃えます。
汝の骨の硬さは
汝の大地なる母の、
岩の、そして石の骨から
生まれていることを知りなさい。
汝の肉の柔らかさは
木々の果実のなかで

黄色や赤になる肉を持つ
汝の大地なる母から
生まれていることを知りなさい。
汝の目の光、
汝の耳の聴力は
いずれも、
海の波が魚を包み込むように、
渦を巻く空気が鳥を包み込むように、
汝の包み込む
汝の大地なる母の
色と音から
生まれています。
真《まこと》にあなた方に告げます、
人間は
大地なる母の子であって、
人の子はその母の胎に
赤児の体をもって宿るとともに、
大地なる母から
完璧な肉体を授かってもいるのです。

真に汝に告げます、
汝は大地なる母とひとつであり
母は汝のなかにあり、汝は母のなかにあります。
汝は母から生まれ
汝は母のなかで生き
再び母へと戻るでしょう。
ですから、母の法を守るのです。
というのも、大地なる母を敬わず、
母の法を守らない者は
誰も長生きできず、
幸せにもなれないからです。
汝の息は母の息であり、
汝の血は母の血であり、
汝の骨は母の骨であり、
汝の肉は母の肉であり、
汝の目と耳は
母の目と耳だからです。
自らの大地なる母と
和解している者は、

決して死を知ることはありません。
汝のマインドによってこの平和を知り、
汝のハートによってこの平和を望み、
汝の身体によってこの平和を満たしなさい。

ご加護を受けるのは
天なる父を求める光の子です。
彼は永遠の生命を得るだろうからです。
いと高きところにある
秘密の場所に住む者は
全能の神の
影に隠れているでしょう。
というのも、汝が道を一切踏み誤らないよう、
自らの天使たちに汝を委ねるからです。
汝らは、主がこれまで代々にわたって
私たちの居住地であったことを
知りなさい。
山々が出現する前、
あるいは大地も世界も形作られていなかったころ、

永遠の昔から未来永劫にわたって
天なる父と
その子らとの間には
ずっと愛がありました。
この愛をどうやって断つことができるでしょうか。
時の始まりから
終わりまで
愛の聖なる炎は
天なる父と
光の子らの
頭上を取り囲んでいますが、
では、どうすればこの愛は消されるのでしょうか。
ロウソクが愛を燃やしているのではなく、
森で猛威を振るう炎によって燃えているわけでもないのに。
見よ、愛は永遠の光という炎で燃えていて、
炎は尽きることがありません。
自身の天なる父を愛する汝らよ、
父の命令に従って、
父の聖なる天使たちと歩み、

父の聖なる法によって平和を知るのです。
父の法は全体の法であり、
それどころか、法のなかの法だからです。
父は自らの法を通して
地と天とをひとつにします。
山々と海は
彼の足台です。
父は自らの手を使って私たちを作り、
形を与えて、
そして父の法を学べるよう
私たちに理解力を与えました。
父は衣のような光に覆われ
カーテンのように
天を広げます。
父は雲を戦車にして
父は風という翼に乗って移動します。
父は泉を渓谷へと送り
その息は力強い木々の中にあります。
父の手のなかにあるのは大地の奥深い場所であり、

丘の強さも父のものです。
海は父のものであり、
父の手は乾いた地を形作りました。
天がこぞって神の栄光を宣言し、
天空が父の法を示します。
自らの子らには
天使とともに歩み、
聖なる法によって自分たちの平和を知る者たちに、
自らの王国を残します。
もっと知りたいと欲しますか、わが子よ。
私たちはどうやって、話されないことを
自らの唇で話すのでしょうか。
唖者が食べたザクロのようです。
ではどうやって、唖者はその味を説明するのでしょう。
私たちが、天なる父は私たちの内側に住んでいますと言うと、
天は肩身の狭い思いをしますが、
私たちが、天なる父は私たちの内側には住んでいませんと言うと、
それは嘘になります。
遠く地平線をじっと見る目も、

人のハートを見る目も
父はひとつの目とします。
父は顕在してはおらず
父は隠れてもいません。
父は姿を現しておらず、
父は秘密にされているのでもありません。
わが子らよ、いずれが父であるかを説明するための
言葉はないのです。
私たちが知るのはこれだけ、つまり
私たちは父の子らであり、
父は私たちの父です。
父は神であり、
私たちは父の牧草地の子らであり、
父が飼う羊です。
天なる父とともにあって
穏やかなる者は
すでに聖なる法の聖域に入っていて、
永久に効力を持つ契約を
神と交わしています。

汝のマインドによってこの平和を知り、
汝のハートによってこの平和を望み、
汝の身体によってこの平和を満たしなさい。
天と地が逝くことはあるかもしれませんが、
聖なる法は一文字として
変化することも逝くこともないでしょう。
初めに法があり、
法は神とともにあり、
法は神だったからです。
天なる父の
七倍の平和が
常に汝とともにありますように。

死海文書と同一の断片

エノクは神とともに歩み
神が彼を取られ
エノクはいなくなりました。
エッセネ派創世記　五章二十四節

同胞団の庭に法が植えられました。
人のハートを照らすため
そしてその人の前で
真の高潔、
慎ましいスピリット、そして穏やかな気性
惜しみなく思いやる性質
そして永遠の善良さと理解と洞察
そして神の御業をことごとく信じる力強い叡智

そして神からの数々の祝福を受けたゆるぎない信頼
大いなる秩序のある万物に関する知識のスピリット
真実の子らみなに対する誠実な感情
いかなる不純なものをも嫌うまばゆい純粋さ
隠された真実の物事すべてに関する裁量
そして、内なる知識の秘密の道をことごとく正すために。
死海文書の共同体の規則より

あなたは私たちに、
あなたの深く神秘的な物事を知らしめました。
あらゆる物事はあなたによって存在しており、
あなたのそばには何もありません。
あなたの法によって
あなたは私のハートを導いてきました。
私が正しい道で、
まっすぐ歩を進め、
あなたが存在するところを歩めるように。
死海文書の讃美歌集Ⅶより

不滅の光の尽きぬ喜びによって
光の子らに
癒やしと有り余る平和によって、
長寿によって、
永遠の祝福という実りある種によって、
永遠の歓喜によって報いるために
法が植えられました。

死海文書の共同体の規則より

感謝しています、天なる父よ、
それはあなたが、流れる川の水源に、
干上がった土地の生きた泉に
私を置き、
永遠の不思議の庭と、
神秘のなかの神秘である生命の樹から
永続する枝が永遠に生えて
永遠の水源から
生命の小川に根を下ろすよう
成長させるからです。

そして、天なる父よ、
昼と夜の天使たちとともに
一つひとつの道を燃やす永遠の光の炎によって
その果実を守りたまえ。

死海文書の感謝の詩篇より

感謝しています、天なる父よ、
というのも、あなたが私を永遠の高みへと上げ
平原という奇跡のなかを歩くからです。
大地の深いところから
あなたの永遠の仲間にたどり着くため
あなたは私を導きました。
大地の天使たちの軍に加わるために
あなたは私の身体を浄化し
天国の天使たちの集会にたどり着くために
私のスピリットを浄化しました。
あなたは朝に夕に
楽しい歌であなたの御業を称賛するため
人に永遠を与えました。

私は、時代から時代へと、
感謝の歌で絶えず、
一日が巡るなか、決まった順番で
光源からの光の到来とともに、
そして夕方の変わり目で光が去るときに、
闇が去って一日が到来するときに、
絶えず、
代々にわたって、
あなたの御業をたたえるでしょう。

死海文書の感謝の詩篇より

神が汝にあらゆる良きものを与えてくれますよう、
神が汝を諸悪から守り
汝のハートを生命の知識で照らし
永遠の叡智を与える形で汝に恩恵が施されますように。
そして神が、汝に神の七倍の祝福を与え、
平和が永続しますように。

死海文書の感謝の詩篇より

死海文書の共同体の規則より

日中の到来とともに
私は母を抱きます。
夜の到来とともに
私は父と会います。
そして夕方と朝が立ち去るとともに
私は彼らの法を息とともに取り入れ
そして、時間の終わりまで
そのどの聖餐も妨げることはしません。

死海文書の共同体の規則より

神は人に、ともに歩むようにと、
二つのスピリットを当《あ》てがいました。
それは真実のスピリットと偽りのスピリットであり、
真実は光の泉から生まれたもの
偽りは闇の井戸から出たものです。
真実の子らみなの支配権は、
光の道を歩めるよう

光の天使たちの手のなかにあります。
真実と偽りのスピリットは
人のハートのなかで争い
賢明な行動と愚かな行動をとります。
人が真実を受け継いでいれば
闇を回避するでしょう。
法と運命をともにし、
自分の道はどれも正直に歩む者みなに祝福があらんことを。
法が、その者たちにあらゆる良きことを与えて
その者たちを諸悪から守り、
人生の物事を洞察して
その者たちのハートを照らし
その者たちを永遠の物事の知識で飾りますように。

死海文書の共同体の規則より

私は内なるビジョンに到達し
私のなかにあるあなたのスピリットを通じて
汝の驚くべき秘密を聞きました。
汝の霊妙な洞察力を通じて

あなたは智慧の泉を生じさせて
私の内側に湧き上がらせ、
力の噴水を生じさせて
生きた水を溢れさせ、
愛の洪水と
永遠の光の輝きのような
すべての叡智の洪水を生じさせました。

死海文書の讃美歌集より

エッセネ派　高潔の教師の書

そして師は、彼の言葉に飢えた人々が集まった小川の土手に行きました。その者たちを祝福し、何について困っているのかをたずねました。すると、ある者が言いました。「師よ、高く評価すべき物事が何か、そして蔑視すべき物事が何かを教えてくださいませんか」

すると師はこう答えました。「人が患うあらゆる病は、私たちの外側の物事に起因していて、私たちの内側のものが私たちを煩わせることは決してありません。子どもが死に、財産が失われ、家や畑が焼け、誰もが無力で、こう叫んでいます。『こんなとき、どうすればいいのでしょうか。私の身に何が起きているのでしょうか。こんなことが起きるものなのでしょうか』と。いずれも、自らの身に起こる出来事や、自らの行いではない出来事に嘆き悲しみ、喜ぶ人々の言葉です。しかし、私たちの身に叶わないことを嘆くのであれば、私たちは太陽が空から姿を消すときに涙を流す幼子のようなものです。古くから言われていることに、汝は隣人の所有物をむやみに望んではいけません、というものがありました。今、私は汝にこう言います。自らの身に叶わないものを望んではいけません。汝の内側にあるものだけが汝に属するからであり、汝の外側にあるものは他人に属するからです。ここに幸せがあります。汝のものが何か、汝のものでないものが何かを知ることです。汝に永遠の生命があれば、汝の内側の永遠をしっかりと固守し、人間の世界の影にしがみついてはいけません。そこには死の種があります」

「汝のいないところで起こることが必ずしも、汝の力が及ばないとは限らないのでしょうか。汝の善悪の知識は、汝の内側にはないのでしょうか。あります。では、起きてくることのすべてを悲しみと絶望ではなく叡智と愛の観点から扱うことは、汝の身にかなわないのでしょうか。かないます。汝がそうすることを妨げることができる人などいるのでしょうか。いません。では汝は、『私は何をすればいいのでしょう。私の身に今、何が起きているのでしょうか。こんなことが起きるものなのでしょうか』などと叫んではいけません。何が起きようとも、汝は叡智と愛の観点から判断し、あらゆる物事を天使の目で見るからです」

「汝の幸せの重みを自身の身に起こることによって量ることは、奴隷として生きることです。また、汝の内側で話しかける天使に従って生きることは、自由であるということです。汝は、真の神の子として自由に生き、神聖な法の命令にのみ汝の首《こうべ》を垂れなさい。汝はこのようにして生き、死の天使が汝のところに来たら、神に手を伸ばし、こう言うのです。『あなたの法を知り、天使の道を歩むために、私が汝から受け取った聖餐を私は軽んじたことはありませんし、私の行いによってあなたを侮辱したこともありません。内側を見る目をどう使ってきたかをご覧ください。私はこれまであなたを責めたことがあるでしょうか。私の身に起こることに嘆いたり、別のことを望んだりしたことがあるでしょうか。あなたの法に背くことを望んだことがあるでしょうか。あなたは私に生命を与えてくださいましたので、私に与えてくださったものに対してあなたに感謝しています。また、あなたのものである物事を使ってきたかぎりにおいて、満足していますし、それを戻して、あなたが選んだ場所であればどこにでもそれを置きます。すべてが、永遠の先までもあなたのものだからです』」

「汝らよ、二人の師に仕えることは何人《なんぴと》にもできないことを知りなさい。汝には、世界の富を手にしたいと願うことも、天の王国を手にしたいと願うこともできません。汝は土地を所有したいと願うことも、権力で人々に影響を及ぼしたいと願うことも、天の王国を手にしたいと願うこともできません。財、土地、そして権力はいずれも、何人にも属していません。それは世界のものだからです。しかし、天の王国は永遠に汝のものです。それは汝の内側にあるからです。汝が自分に属さないものを望み、求めるのであれば、きっと汝は自分が所有しているものを失うでしょう。汝らよ、本当に、何物も与えられるものはなく、与えられても何の役にも立たないことを知りなさい。人間と天使の世界のものは何もかも、値段というものがあります。富と財を集める者は、駆けずり回り、立派だと思わない人たちの手にキスをし、他人の戸口で疲労して衰弱し、正しくないことを言ったりしたりし、金と銀とオリーブオイルの贈り物を与えなければならず、富と財を集めるためには、これを全部するだけでなく、それ以上のことをしなければなりません。汝がそれを成し遂げたとして、汝は何を手にしているでしょうか。この富と権力は、恐怖からの解放、安らかなマインド、大地なる母に仕える天使たちと一緒に過ごす日中、天なる父に仕える天使たちと一緒に過ごす夜を汝に確保してくれるでしょうか。汝は何にもならないのに、物を所有することをそれほどまでに期待するのでしょうか。ある人物に師が二人いても、ひとりを嫌ってもうひとりを好むか、ひとりの言うことを忠実に守ってもうひとりを軽蔑するかになるでしょう。汝らは神に仕えることはできず、世界に仕えることもできません。おそらく、汝の井戸は干上がり、貴重なオイルはこぼれ、汝の家は焼け、汝の作物は枯れますが、汝は自身の身に起こることに叡智と愛で対処します。雨が再び井戸を満たし、家を再び建てることができ、新しい種をまくことができ、そのいずれもが過ぎていき、再びやってきて、しかしまた過ぎていくでしょう。しかし天の王国は永遠で、過ぎていくことはありません。ですから汝らは、永遠のものを一時間で死ぬものと交換してはいけません」

「人々が汝に、汝がどの国に属するかと質問をするとき、汝らは、この国やあの国に属しているとは言わず、実際のところ、それはこの大地の小さな片隅で生まれた痩せた身体でしかありません。しかし汝は、おぉ、光の子は、すべての天国とその向こうまでをも包み込む同胞団に属し、汝の天なる父からは、汝の父親と祖父のみならず、地上に生じた全存在の種が降りてきました。実際には、汝は神の子であり、人はみな汝の兄弟です。神を汝の創造者であり、汝の父であり、汝の保護者であるとして、それでも私たちはあらゆる悲しみや恐れから解放されないでしょうか」

「あなた方に告げます、この世の物品、所有物、金銀をため込むという考えを抱いてはいけません。そのいずれによっても腐敗と死がもたらされるだけだからです。汝の富の蓄えが大きいほど、墓の壁が厚くなるでしょう。汝の魂の窓を大きく広げ、自由人の新鮮な空気を吸うのです。汝らはなぜ、衣服のことばかり考えるのでしょうか。野に咲くユリについて、それがどんなふうに育っているかを考えなさい。ユリは苦労して育っているのでも、勢いよく育っているわけでもありません。それでも私は言います。栄華を極めたソロモンですら、そのうちのひとつの花のようには着飾っていませんでした。なぜ汝らは、栄養のことばかり考えるのでしょうか。大地なる母の贈り物、母の木になる熟した果実と、母の土の金色をした穀物の粒について考えなさい。なぜ汝らは、家や土地のことばかり考えるのでしょうか。人は、自身が所有していないものを汝に売ることはできませんし、すでに全員に所属するものを所有することもできません。この広い大地は汝のものであり、人はみな汝の同胞です。大地なる母に仕える天使たちは日中、汝とともに歩み、天なる父に仕える天使たちは夜間、汝を導き、汝の内側に聖なる法があります。どぶのなかのつまらない物をむやみに望むのは、王の子にはふさわしくありません。汝の場所、つまり称賛のテーブルに着いて、汝の相続権を敬意をもって果たしなさい。神の裡に私たちは生き、動き、存在するからです。実際のところ、私たちは神の子であり、神は私たちの父なのです」

「言動に縛られておらず、目的をとげることに熱意を燃やすこともなく、ただ生への渇望のままに生きる者だけが自由とも言えます。縛られない人は自由ですが、縛られたり邪魔されたりする人は、間違いなく奴隷です。では、奴隷でないのはどんな人でしょうか。他人に属するものを何も望まない人だけです。では、汝に属しているものは何でしょうか。私の子らよ、汝の内側にある天の王国のみが汝に属します。そこは、天なる父の法が住まう場所です。天の王国は、見事な真珠を探している商人のようです。高価な真珠を一粒見つけたら、持ち物を全部売り払ってでも買うでしょう。この高価な真珠が永久に汝のものになるのであれば、どうしてそれを石ころなどと交換するでしょうか。汝らよ、知りなさい。汝の家、汝の土地、汝の娘と息子たち、あらゆる幸運の喜びと苦難の悲しみ、他人があなたに与えた評価も、あらゆる物事が汝には属していません。汝らがその物事に対して煩悩に身を焦がし、その物事に固執し、そこに対して深く悲しんだり歓喜したりするのであれば、本当に汝は奴隷であり、奴隷のままでしょう」

「私の子らよ、汝のものではない物事にしがみついてはいけません。樫の木に忍び寄る蔓のように、世事を汝のなかで成長するがままにしてはいけません。それらがひとたびあなたにそむけば、痛みに苦しみます。しかし、天にも地にも、汝の内側に備わる聖なる法を汝から取り上げる力はありません。汝はあなたは裸で母の胎より出でて、裸で戻っていくのです。世界は与え、世界は取り上げます。しかし、天にも地にも、汝の内側に備わる聖なる法を汝から取り上げる力はありません。汝は両親が殺されるのを目にするかもしれませんし、国から追われるかもしれません。そして、汝は喜んで別の国に行って住み、汝の両親を殺した者は、その行いによって自らを殺しているのだと知り、その者を憐れむでしょう。汝は真の両親を知っていますし、汝は真の国で安全に住んでいるのですから。真の両親は天なる父と大地なる母であり、真の国は天の王国です。死が、汝を真の両親からも国外追放のない真の国からも別つことは決してありません。汝の内側にあって、いかなる嵐をも跳ね返す岩は、聖なる法であり、汝の防波堤であり救済でもあるのです」

エッセネ派　ヨハネの福音書の断片

はじめに法（the Law）があり、法は神とともにあり、法は神でした。この法は、はじめに神とともにありました。あらゆるものは神によって作られ、神なしでは今作られているものは何も作られませんでした。神のなかに生命はあり、その生命は人間の光です。その光は闇のなかで輝き、闇はその意味を理解しませんでした。

砂漠のなかの遠い場所から、信徒らは、自分たちの間を通る人がみな、聖なる法の光のなかを歩むよう、その光を証しするためにやってきました。真の光はこの世界にやってくるひとりひとりを照らしますが、世界はそれを知りません。それでも、多くの人が法を受け取れば、その人たちには、神の子らになるための力、生命の樹がある永遠の海に入るための力が与えられます。

そしてイエスはその者たちにこう言って教えました。「真《まこと》に、真《まこと》に、私は汝に伝えます。人は再び生まれないかぎり、天の王国を見ることはできません」

するとある者が言いました。「年をとっていると、どうやって生まれることができるのでしょうか。

母の子宮に再び入って、生まれることができるのでしょうか」

イエスはこう答えました。「真に、真に、私は汝に伝えます。人は大地なる母と天なる父のもとに生まれないかぎり、そして日中の天使と夜間の天使とともに歩まないかぎり、永遠の王国に入ることはできません。肉によって生まれるのは肉であり、スピリットによって生まれるのはスピリットです。身体という肉は大地なる母によって生まれ、汝の内側にあるスピリットは天なる父によって生まれます。つまり、それは聖なる法とともにあります。風はそれが欲すところに吹き、汝はその音を聞きますが、それがどこから来るかはわかりません。人はみなそれを聞きますが、それを知りません。人が最初に呼吸した時から、もうそれは人とともにあるからです。しかし、天なる父と大地なる母から再び生まれる者は、新しい耳で聞き、新しい目で見て、聖なる法の炎はその者の内側に火を灯すでしょう」

するとある者がたずねました。「どうしてそうなるのですか」

イエスはこう答えました。「真に、真に、私は汝に伝えます。私たちは知っていることを語り、私たちの見たことを証言しているのに、あなたたちは私たちの証言を受け取りません。人は天使とともに歩むために生まれますが、そうはせずに泥のなかの宝石を探します。天なる父はその者に対して、大地に天の王国を築くよう相続権を授けましたが、その者は父に背を向け、世界とその偶像を崇拝します。非難の根拠は、光が世界に入っているにもかかわらず、人々は、自らの行いが邪悪であるがゆえに、光ではなく闇を愛するからです。邪悪なことをする人はみな、光を嫌悪し、光のところに来ることもありません。私たちはみな神の子らであり、私たちのなかで神は賛美されます。神とその子らの周りを照らす光は、聖なる法の光です。光を嫌悪する者は、自らを生んだ父と母を否定しているのです」

するとある者がたずねました。「師よ、私たちはどうやって光を知ることができるのですか」

イエスはこう答えました。「真に、真に、私は汝に新しい命令を与えます。汝らは互いを愛しなさい。同胞の庭でともに働く汝を愛するように。これによって、人はみな汝らも同胞であると知るでしょう。私たちがみな神の子らであるのと同じように」

するとある者が言いました。「あなたの話はどれも同胞団のものですが、私たちみなが同胞団の一員になることはできません。私たちの中に悪を望む者はいませんから、私たちは光を崇め闇を退けるでしょうに」

イエスはこう答えました。「汝の心を悩ませてはいけません。汝らは神を信じています。父の家のなかには、たくさんの屋敷があり、私たちの同胞団は、天と地の生きとし生けるものが属している天の同胞団を反映する暗いガラスに過ぎないことを知りなさい。同胞団がブドウの木であり、私たちの天なる父は農夫です。私たちのなかにある果実が実らないどの一本の枝も父は取り去り、果実が実るどの一本の枝も、もっと実るよう父は清めます。私たちのなかにとどまりなさい、私たちは汝のなかにいます。枝がブドウの木にとどまっている以外に、その枝がひとりでに実をつけることがないように、私たちの同胞団が立つ岩である聖なる法のなかにとどまる以外に、汝らはもはや実を結ぶことはできないのです。法のなかにとどまっている者はもっと果実を実らせます。法がなければ汝らは何もできないからです。ある人が法のなかにとどまらないのであれば、その人は枝のように投げ捨てられ、衰えていきます。人々はその枝を集め、火にくべ、燃やされます」

「そして兄弟たちがお互いの愛のなかにとどまっているように、愛の天使が兄弟たちに教えるように、私たちは、汝らがお互いを愛するよう求めます。人は、聖なる法を他に教え、また自らのように人を愛すること以上の大きな愛を持つことはできません。天なる父は私たちのなかにいて、私たちは父のなかにいて、私たちは愛のなかで手を伸ばして、汝らは私たちのなかでひとつであるよう求めます。父が私たちに与えた名誉を私たちは汝に与えます。私たちがひとつであるように、汝がひとつとなるように。天にいる汝の父は、世界の創造よりも前から汝を愛してきたからです」

この方法で信徒らは、それに耳を傾ける者たちに聖なる法を教え、その者たちは驚くべきことをして、病人や苦しんでいる人たちをさまざまな草を用いるほか、太陽と水を驚くべき使い方をして癒やしました。ほかにも信徒らがしたことは多々ありますが、それを残らず書き記すとなると、世界全体でも書き記すべき書物を収めることはできません。アーメン

エッセネ派　黙示録の断片

見よ、空気の天使が彼を連れていき、
ありとある目が彼を見て、
同胞団は、
地上の広大な同胞団は、
声をひとつにして、歌うでしょう。
彼のために。
それでも、アーメン。

私はアルファでありオメガ、すなわち、はじまりであり終わりです。
今いまし、昔いまし、やがて来たるべき者。

声が言い、私は
私と話す声は誰かと振り向きました。
向いた先に、七本の金のロウソクが見え、

鮮やかな光の中央に、
人の子に似た
白い、雪のように白い服を着た人を見ました。
その者の声は、ほとばしる水の音で空気を満たし、
その手には七つの星が握られ、
その星たちがやってくる天国の燃え盛る光で満ちています。
そして、彼が話したとき、その顔は流れる光であり、
千の太陽のように鮮やかな黄金色でした。

そしてこう言いました。「恐れてはいけません。私は最初にして最後であり、
私ははじまりであり終わりです」
汝がこれまでに見た物事、
今ある物事、そして今後そうなるであろう物事、すなわち
私の手を満たしている七つの星の神秘、
永遠の光で焼けつくような七本の金のロウソクについて書きなさい。
七つの星は天なる父に仕える天使たちであり、
七本のロウソクは大地なる母に仕える天使たちです。

そして人のスピリットは
星明りと燃え立つロウソクとの間を流れる炎であり、
天と地とを渡す聖なる光の橋です。

いずれも、七つの星を手に持ち、
七本のロウソクの炎の中を歩む者が言うことです。
聞く耳を持つ人には、スピリットが言うことを聞かせなさい。
「克服する人に、私は、
輝く神の楽園の中央に立つ生命の樹を食べさせるでしょう」

そして私は目を向け、よく見ると、
天国でドアが開いていて、
あらゆる方からトランペットのように鳴り響く声が、
私にこう言いました。「こちらに来なさい、
今後起こるべきことをあなたに見せてあげましょう」

たちまちに私は、スピリットとなって
そこ、つまり開いたドアの入り口にいました。
そして私はその開いたドアをくぐって

鮮やかな光の海に入りました。
目も眩む煌めきの大洋の真ん中に玉座があり、
その玉座には顔を隠された人が座っていました。
玉座の周囲には虹がかかり、
エメラルドのように見えました。
玉座の周りを十三の椅子が取り囲み、
そのひとつひとつに長老らが、
白い衣装をまとって座っているのが見えましたが、
その長老らの顔も、渦巻く光の雲で隠されていました。
火を灯した七つのランプは玉座の前で、
大地なる母の火を燃やしました。
天の七つの星は玉座の前で、
天なる父の火を輝かせました。

そして玉座の前は、
水晶にも似たガラスの海のようでした。
そこに反射していたのは、
地上の山という山、谷という谷、海という海であり、
あらゆる被造物はそのなかにあって不変でした。

十三人の長老らは、玉座に座る
顔の隠されたその人のすばらしさの前に平伏し、
光の川が、長老らの手からお互いに流れ、
そして長老らは叫びました。「聖なるかな、聖なるかな、聖なるかな、
昔いまし、今いまし、やがてきたるべき
主なる全能の神、
栄誉と称賛と権威とを
受くるにふさわしき方よ、
それは汝が万物を創造したからです。

そして私は、玉座に座る
顔の隠された彼の
右手にあり、
内側と裏表紙が書かれ、
七か所封印された本を見ました。
さらに私は、天使が大きな声で
「本を開くに値し、
その封印を解くに値するのは誰か」
と発表するのを見ました。

天のどの存在も、大地のどの存在も、地中のどの存在も、
その本を開くことはできず、見ることもできませんでした。
その本が開かれず、
私には書かれていたことを読むことができなかったため
涙を流しました。
長老のひとりが私にこう言いました。「涙を流してはいけません。
汝の手を伸ばし、その本を手に取り、
さらには、七つの封印をされた本であっても、開くのです。
最下層でもあり、最上層でもある
汝のために書かれたのですから」
そして私は手を伸ばし、その本に触れました。
まじまじと見て、表紙をもたげ、
私の手は金のページに触れ、
私の目は七つの封印の神秘に見入っていました。

私は玉座を見つめ、
その周りの大勢の天使たちの声を聞くと、
その数は一万の一万倍

数千の数千倍で、大きな声でこう言いました。
「名誉と、智慧と、知力
そして能力のすべてを、
神秘の謎を解き明かす者に永久に」
そして私は、自分の両手と、
十三人の長老の手と、
顔を隠されて玉座に座るその者の両足の間を渡す
燃え立つ橋のように伸びる金の光の雲が
渦を巻いているのを見ました。

そして私は最初の封印を解きました。
すると空気の天使が目に留まり、見入りました。
その天使の上唇と下唇の合間を生命の息が流れて、
天使は大地に跪《ひざまず》き、
人に智慧の風を与えました。
人は息を吸い込みました。
その息を吐きだしたとき、空は暗くなり
甘い空気がひどい悪臭となり
もうもうとした邪悪な煙が大地全体に低く垂れこめました。

そして私は恥ずかしさに顔を背けました。

私は二つ目の封印を解きました。
すると水の天使が目に留まり、見入りました。
その天使の上唇と下唇の合間を生命の水が流れて、
天使は大地に跪き、
人に愛の大海を与えました。
人は透明で輝く水に入りました。
その者が水に触れたとき、透明な流れが黒ずんで、
透き通った水がヘドロで濁り、
魚たちは悪臭漂う黒い水のなかであえぎ
あらゆる被造物は渇きで死にました。
そして私は恥ずかしさに顔を背けました。

私は三つ目の封印を解きました。
すると太陽の天使が目に留まり、見入りました。
その天使の上唇と下唇の合間を生命の光が流れて、
天使は大地に跪き、
人に力の火を与えました。

太陽の力強さが人の心に入り、
その者はその力を使って、偽の太陽を作り、
見よ、その者は破壊の火を広め、
森を焼き、緑の谷を荒らし、
兄弟の黒こげた骨だけが残りました。
そして私は恥ずかしさに顔を背けました。

私は四つ目の封印を解きました。
すると喜びの天使が目に留まり、見入りました。
その天使の上唇と下唇の合間を生命の音楽が流れて、
天使は大地に跪き、
人に平和の歌を与えました。
音楽のような平和と喜びが
人の魂を通り抜けました。
しかしその者は、悲しみと不満の不協和音だけを聞いて、
剣を振りかざして
調停者たちの手を切り落とし、
再び剣を振りかざして
歌を歌う者たちの手を切り落としました。

そして私は恥ずかしさに顔を背けました。

私は五つ目の封印を解きました。
すると生命の天使が目に留まり、見入りました。
その天使の上唇と下唇の合間を
神と人との聖なる同盟が流れ、
天使は大地に跪き、
人に創造という贈り物を与えました。
人は蛇の形をした鉄の鎌を創造し、
刈り取った収穫物は飢えと死でした。
そして私は恥ずかしさに顔を背けました。

私は六つ目の封印を解きました。
すると大地の天使が目に留まり、見入りました。
その天使の上唇と下唇の合間を永遠の生命の川が流れ、
天使は大地に跪き、
人に永遠の秘密を与えました。
その人は目を開けるように言われ
永遠の海にある神秘的な生命の樹を見入りました。

しかし人は手を上げて自らの目をふさぎ、
永遠はないと言いました。
そして私は恥ずかしさに顔を背けました。

私は七つ目の封印を解きました。
すると大地なる母に仕える天使が目に留まり、見入りました。
その天使は、天なる父の玉座から
鮮やかな光のメッセージを持ってきました。
このメッセージは
地と天の間を歩く者のみに宛てられたものでした。
人の耳に、そのメッセージはささやかれました。
その者は聞きませんでした。
しかし私は、恥ずかしさに顔を背けることはしませんでした。
見よ、私は天使の翼に手を伸ばし、
自らの声を天国に向けて、
「メッセージをください。永遠の海に生える
生命の樹の果実を食べたいのです」と言いました。
すると天使は、とても悲しそうに私の方を見て、
天国には静寂が下りました。

そして私は声を聞き、
それはトランペットのように響いて、
こう言いました。
「おぉ人よ、汝が神の玉座から顔を背けたとき、
汝が大地なる母の七人の天使たちと
天なる父の七人の天使たちの
贈り物を利用しなかったとき、
汝は自らが生み出した悪を見なかったのですか」
そして恐ろしい痛みが私を襲い、そのとき内側に感じたのは、
自らの肉の願望のみに目を向けるよう、
自らの目を見えなくした者全員の魂でした。
私は神の前に立つ七人の天使を見て、
その天使たちには七つのトランペットが与えられました。
天使がもうひとりやってきて、金の吊り香炉を持って
祭壇の前に立ち、
その天使には、玉座の前の金の祭壇で、
すべての天使の祈りとともに提供すべく
多量の香が与えられました。
そして香の煙が天使の手を離れて

神の御前で立ち昇りました。
天使はその香炉を手に取り、
これに祭壇の火を満たして、
大地に投げつけた。
すると声と、雷鳴がして、
稲光と地震が起こりました。
七つのトランペットを持った七人の天使が
音を鳴らす準備をしました。

一人目の天使がトランペットを吹き鳴らした。
これに続いて喝采が起き、火と血が混ざり、
一緒に大地に投げ落とされて
緑の森や木々が燃え上がり、
緑の草が残らず縮れて黒焦げになりました。

そして二人目の天使がトランペットを吹き鳴らした。
まるで大きな山が火事で燃えているようで、
これが海に投げ込まれ、
大地から蒸気のように血が立ち上りました。

三人目の天使がトランペットを吹き鳴らしました。
見よ、巨大な地震が起こり、
太陽が毛の粗布のように黒くなり、
月は血のようになりました。

四人目の天使がトランペットを吹き鳴らすと、
天の星たちが大地に落ちました。
イチジクの木が強い風に揺さぶられて
まだ熟していない実を落とすように。

五人目の天使がトランペットを吹き鳴らすと、
天は、巻物が巻き取られるように消え去りました。
地上には木の一本も、
花の一輪も、草の一葉もありませんでした。
私は地上に立ち、
私の足は、血で柔らかくドロドロになった土に
沈み込みました。
目で見えうるかぎり遠くにまで目をやりました。

地上全体が静寂に包まれていました。

六人目の天使がトランペットを吹き鳴らしました。
力強い存在が、雲をまとって
天国から降りてくるのが見えました。
その頭には虹がかかり、
その顔は太陽のようで、
その足は火柱のようでした。
その手は、開いた本を持っていました。
右足を海に、左足を地に置いて、
驚くほどの大声でこう叫びました。
「おぉ人よ、汝はこの光景を現実のものとしたいのか」
私はこう答えました。「あなたはご存じです、おぉ聖なる者よ、
その恐ろしい物事が実際に起こることがないように、
私は何でもいたします」

天使はこう言いました。
「人は、先ほどのような破壊力を創造しました。
自らのマインドから創造したのです。

その者は、天なる父と大地なる母に仕える天使たちから
顔を背け、
自らの破壊を作り出したのです」

私はこう言いました。
「では、望みなしということでしょうか、まばゆい天使よ」
鮮やかな光が、手から川のように流れて、
天使は答えました。「望みは常にあります、
おぉ、天と地とが汝がために創造された、その者よ」

するとその天使は、
海と地上に立った天使は、
天国に向けて自らの手を挙げ、
自らの名にかけて未来永劫にわたって生きることを誓い、
天と、そのなかにある物事を創造し、
大地と、そのなかにある物事を創造し、
海と、そのなかにある物事を創造し、
そこにはもはや時間はありませんが
七人目の天使の声がする日々に、

音を鳴らしはじめ、
永遠の海に永久に立っている
生命の樹の一部から取って食べた者に対して、
神の神秘をつまびらかにする必要があります。
再びこんな声がしました。
「行きなさい、そして海と地の上に立っている天使が
手に持っている開かれた本を取りなさい」
私はその天使の元に行き、こう言いました。
「その本をください。
私は、永遠の海の中央に立っている
生命の樹から取って食べたいのです」
すると天使が私に本をくださり、
私は本を開いて、そこに書かれていること
今まであったこと、今あること、
これから起こることを読みました。

私は、大地を巻き込む大惨害、
そして地上の人々がみな血の海に溺れるほどの
大規模な破壊を目にしました。

同時に、人の永遠性と、
全能の神の終わりなき赦しを知りました。
人の魂は本の白紙のページのように、
いつでも新しい歌を記せるようになっています。

私は、大地なる母に仕える七人の天使たちと、
天なる父に仕える七人の天使たちの方へと
顔を上げ、
自分の足が、大地なる母の聖なる眉毛に触れているのを感じ、
私の指が天なる父の聖なる足に触れているのを感じ、
感謝の讃美歌を声に出して歌いました。

あなた、天なる父に感謝します。
あなたが私を
流れる川の水源に、
干上がった土地の生きた泉に置き、
永遠の不思議の庭、
生命の樹、神秘のなかの神秘を潤し、
永遠の植物が永遠の源からの

生命の小川に根を下ろすよう
永続する枝を育てるからです。
そして汝、天なる父よ、
日中の天使と夜間の天使と、
あらゆる道を燃やす永遠の光の炎を以てして
その枝になる実を守りたまえ。

しかし再び声がして、
私は再び、壮麗な光の領域から
目を背けました。
「気をつけよ、汝、ぉぁ人よ！
汝は正しい道を踏み、
天使たちの面前を歩むでしょう。
汝は、日中は大地なる母を歌い上げ
夜間は天なる父を歌い上げるでしょうし、
黄金の法の流れが汝の存在を通じて
とめどなく流れるでしょう。
しかし、汝は、
痛みに苦しむ大地が石の鎖の下で震えてうめき声をあげているのに、

大きくあいた血の裂け目に飛び込まされる兄弟を
見捨てるのですか。
汝は、自分の兄弟たちがのどの渇きで死んでも、
杯に入った永遠の生命を飲むことができるでしょうか」

私の心は思いやりにあふれ、
私が目にしたのは、見よ、
天になんとも不思議なものが現れ、
女性が太陽を身にまとい、足元に月があり、
頭には七つの星の冠を被っています。
そして私は、その女性が流れる川の源であり、
森の母であることを知りました。

私は海の砂の上に立ち、
獣が海から上がってくるのを目にし、
獣の鼻の穴からは、むかつくような悪臭を放つ空気が漂い、
獣が海から出てきたところはきれいな海水がヘドロと化し、
獣の身体は黒く湯気が立つ岩で覆われていました。
太陽を身にまとった女性は

獣の方へと腕を伸ばし、
獣は女性を引き寄せて抱きしめました。
見よ、女性の真珠の肌は、獣の悪臭を放つ息に覆われて色あせ、
女性の背骨は、岩をも砕く腕によって折られ、
女性は血の涙を流してヘドロ溜まりに沈みました。
そして、獣の口から大勢の人がどっと出てきて
剣を振り回し、お互いに戦いました。
その人たちはひどく怒りながら戦っていて、
自らの腕や脚を切り落とし、自らの目をえぐり出して、
ついには、苦しみと痛みで叫びながら
ヘドロの穴に落ちていきました。

私はヘドロ溜まりの縁まで歩いていき、
下へと手を伸ばすと、
血が渦巻いているのが見え、
そのなかにいる人たちが、蜘蛛の巣に捕まったハエのように捕らわれていました。
私は大声でこう言いました。
「兄弟たち、汝の剣を捨てて私の手をつかみなさい。
汝に生を与えた母や、

汝に財産を継承してくれる父を
冒瀆して汚すようなことはやめなさい。
汝が売り買いする日々は終わり、
狩りをしたり殺したりする日々も終わりました。
囚われの身へと導く人は、自ら囚われの身になるでしょうし、
剣によって殺す人は、剣によって殺されるでしょう。
もう商品を買う人はいませんから、
地上の商人たちは涙を流して嘆くでしょう。
金の商人、銀の商人、宝石の商人、
真珠の商人、亜麻布の商人、紫の布の商人、絹織物の商人、緋色の服の商人、
大理石と家畜と羊と馬、
ひとり乗り戦車と奴隷と人の魂、
いずれも、血の海に沈んでしまっていて、
汝らは売ることも買うこともできません。
なぜなら、汝が父と母に背を向け、
石の楽園を築くであろう獣を崇拝したからです。
剣を捨てなさい、兄弟たち、そして私の手をつかむのです」
お互いの指と指をしっかり絡めると、
遠くに大都市が、

遠い地平線に白く輝く鮮やかなアラバスター石（美しい白色の鉱物）が見えました。
そして、声と、雷鳴と稲光がして、
人間が地上に現れて以来の
巨大な地震が起こりました。
それはあまりに強く、あまりにも巨大でした。
そして大都市は三つに分断され、
諸国の町々が滅び、
その大都市が神の御前に思い出され、
神の激しい怒りのぶどう酒の杯が都に与えられました。
島はどれも消え失せ、山々は見つかりませんでした。
天からは激しい雹《ひょう》が人々に降りかかり
雹は一粒が一タラント［訳注：古代の重量単位で、ヘブライ語では34・2キロ、ギリシヤ語だと20・4キロなど諸説ある］の重さがありました。
力のある天使が大きな臼石のようにその雹の粒を手に取り、
海に投げ入れて、こう言いました。
「こうして、暴力によって大都市が破壊され、
もう何も見つからないでしょう。
ハープ奏者、音楽家、笛吹きたちの声
歌手、トランペット奏者の声が、

汝にはもう聞こえず、
職人も、その技術も
汝には見つからず、
臼石の音ももう
汝には聞こえないでしょう。
ロウソクの光はもう
汝のなかには輝かず、
花婿と花嫁の声はもう、
汝のなかには聞こえないでしょう。
汝の商人たちは、大地の偉大な人たちでしたが、
汝の魔術によって、国々はみな騙されたのですから。
地球には預言者の血と、聖者の血と、
地上で殺された者すべての血が流れていることがわかりました」

私の兄弟たちは、私の手をつかみ、
ヘドロの溜まりからもがき出て、
砂の海の上に途方に暮れたように立ちました。
空が開いて、雨でその裸の身体を洗い流しました。
私はたくさんの水の声として、大きな雷鳴の声として

天からの声を聞き、
ハープを奏でる奏者たちの声を聞きました。
ハープ奏者たちは、玉座の前で新しい歌であるかのようにそれを歌いました。

私は、また別の天使が、昼の歌と夜間の歌を歌い、
地上に住む兄弟たち、
ヘドロの穴からよじ登り、
玉座の前に裸で立って雨で洗い流されたその者たちに
永遠の福音を説きながら、
天の真ん中を飛んでいるのが見えました。
その天使はこう叫びました。「神を畏れなさい、神に栄光をもたらしなさい。
神の審判の時はやってきました。
天と地、海、そして水源を
作られた神を崇拝しなさい」

天が開き、現れた白馬を私はじっと見ました。
馬に乗っているのは、忠実さと真実と呼ばれる者であり、
その者は公正な判断を下します。
その目は燃え上がる火であり、

その頭には数多くの冠があり、
その者は鮮やかな光に覆われて、
足は裸足でした。
その名は神の言葉です。
聖なる同胞団が、白く清潔な亜麻布の服を着て
白馬に乗って追従しました。
一行は、中央に生命の樹が立つ
永遠の無限の庭に入りました。
雨で洗い流された裸の群衆が一行の前にやってきて、
裁きを受けることにおののいていました。
罪は多く、大地を汚してしまい、
それどころか、陸と海の生き物を滅ぼして、
地面に毒をまき、空気を汚して
自らを生んだ母を生き埋めにしました。

しかし私のビジョンが変わったので、その人たちに何が起きたのかわからず、
見えたのは、新しい天と新しい地であり、
最初の天と最初の地は消え去り、もう海はありませんでした。
私に見えたのは、天から出て神から降りてくる

同胞団の聖なる都市であり、
それは夫のために飾られた花嫁のようでした。
そして私は、天国から次のような大声を耳にしました。
「見よ、主の家の山は、
山脈の頂に建てられ、
丘陵をはるかに超えていて、
人々はみな、そこに入るでしょう。
汝ら、さあ、神の家へと、
主の山を一緒に登りましょう。
そうすれば、主が道を私たちに教えてくれるでしょうし、
私たちはその主の道に足を踏み入れるでしょう。
聖なる同胞団の外にある者たちのためには法を広めましょう。
見よ、神の幕屋が人々とともにあり、
神は人々とともに住み、その人々は神の民となり、
神自身はその人たちとともにいて、その人たちの神となるでしょう。
神は人々の目から涙を一滴残らず拭い去り、
もう死者はいなくなり、
悲しみも、嘆きもなくなり、
もう痛みもないでしょう。

過去の物事は過ぎ去っているからです。
戦争を起こした者たちは剣を打ち直して鍬とし、
槍を打ち直して鎌として、
国は国に対して剣を上げず、
もはや戦うことを学ばないでしょう。
過去の物事は過ぎ去っているからです」

そして彼は再び言いました。「見よ、私はあらゆる物事を新しくします。
私はアルファでありオメガ、すなわち、はじまりであり終わりです。
私は渇望した人に、生命の水源から好きなだけ与えるでしょう。
克服する人は、あらゆる物事を受け継ぐでしょうし、
私はその人の神となり、その人は私の子になるでしょう。
しかし、怖がりな人、懐疑的な人、
憎むべき人、殺人者、嘘つきな人はみな、
地獄の業火で燃える自らの穴を掘るでしょう」

そしてまた、私のビジョンは変わりました。
私には聖なる同胞団の声が、歌うのが聞こえました。
その声はこう言いました。「汝ら、さあ、法の光のなかに足を踏み入れましょう」

私には聖なる町が見え、
兄弟らはそこへ向かっていました。
その町には太陽も、月も、
輝く必要がありませんでした。
神の恵みが光を放っていたからです。
私には、水晶のように透明で、神の玉座から生じている
生命の水の澄んだ川が見えました。
川の真ん中には生命の樹が立っていて、
その樹には十四種類の果実が実り、
その果実はそれを食べる人たちにもたらされたもので、
その樹の葉は、諸国民の癒やしのためのものでした。
そこには夜がなく、
ロウソクも、太陽の光も必要ありませんでした。
主なる神が光を与えていたからであり、
そして彼らが永久に統治するでしょう。

私は自分のなかのあなたのスピリットを通じて
自分の内なるビジョンに到達し
あなたの不思議な神秘を耳にしました。

あなたの神秘的な洞察を通して
あなたは、知識の泉を私の内に湧き上がらせました。
それは生ける水に注ぎ込む力の泉に
愛と、輝ける永遠の光のようにすべてを包み込む叡智の
奔流となるでしょう。

エッセネ派の平和福音書

第三巻

エッセネ派同胞団の失われた巻物

Book Three

Lost Scrolls of The Essene Brotherhood

今や私たちは、自らを堂々と自然から切り離し、パン神［訳注：ギリシャ神話に登場する半人半獣の神。牧神または牧羊神とも呼ばれる］の精神は死んでしまいました。人間の魂は統一の希望のかなたに散り散りになり、形だけの信条という剣はあらゆるところでその魂たちを切り離しています。宇宙と調和して生きるということは、荘厳な儀式を執り行うことであり、それに反して生きるということは、袋小路に陥ってしまうことでした。しかし今また、変化のささやきがもう一度、世界の表面に浮かび上がっています。まるでまたひとつ、壮大な夢が始まるかのように、人の意思が再び外に向かって徐々に広まりつつあります。昔からの何がしかの声は、私たちの小さな大地のいたるところで、神の力によって鳴り響いています。その声に対して、私は本書をささげます。

E.B.S.（エドモンド・ボルドー・セーケイ）

エッセネ派の平和福音書　第三巻　序文

本書、エッセネ派の平和福音書第三巻は、スピリチュアル的、文学的、哲学的、詩的に大いに価値ある文言集であり、二つの強力な伝統の流れが織り合わさってできあがりました。

時期的にみて、最初の流れはヘブライ人のバビロン捕囚時のものであり、『ギルガメッシュ叙事詩』からザラスシュトラの『ゼンド・アヴェスタ』の頃です。二つ目の流れは、旧約聖書と新約聖書を通じ詩的な荘厳さがふんだんに取り込まれている伝統であり、不老のエノクとイスラエルの父祖(アブラハム、イサク、ヤコブなど)の時代に始まり、預言者から神秘のエッセネ派同胞団にまで至ります。

最大数の巻物が発見された死海で埋もれていたエッセネ派同胞団の一連の書には、前述した二つの伝統の流れをくむ文書が、非常によく織り交ぜられていました。一方の流れにある力強いキュービズム的なシンプルさと、もう一方の流れにある荘厳な表現主義的な詩情が並置され、奇妙な連続性を見せているのです。

この蔵書の原典は大きくは三つに分けられます。約七十パーセントは、古代のアヴェスタ（ゾロアスター教の聖典集）とも、旧新約聖書のいずれとも全く異なり、二十パーセントは類似し、残りの十パーセントは完全に一致しています。

この蔵書を公開するにあたって、無味乾燥な文献学的・聖書学的な解釈は控え、二十世紀の人類にとって魅力的なそのスピリチュアル的な価値や、詩としての価値に注意を向けることが私の願いでした。文体は、私が翻訳したエッセネ派の平和福音書第一巻のフランス語版を踏襲しようと努めました。このフランス語版は現在までに十七言語で出版され、すでに二十万部を売り上げています。

願わくは、この第三巻が第一巻と同じように受け入れられ、私たちの混迷する世紀に不朽のインスピレーションをもたらしつづけ、ますます大きな光へと永遠に私たちを導いてくれますように。

エドモンド・ボルドー・セーケイ

はじめに

太古の昔から、素晴らしい教えが存在しました。自在に応用でき、その叡智は不朽です。その教えの断片はシュメールの楔形文字の中に、またタイルや石に刻まれたものとして発見され、時代はざっと八千年から一万年にまでさかのぼります。太陽や月、空気、水など、自然の力を表すシンボルのなかには、さらに時代をさかのぼり、更新世［訳注：原文では Pleistocene period 地質時代の区分の一つで、約二五八万年前から約一万年前までの期間］を終わらせた大変動以前のものもあります。その教えが、それ以前に何千年以上さかのぼって存在したかはわかっていません。

この教えを学び実践することは、万人の心のうちに、個人的問題も世界の問題も解決できる直観的な知識を再び目覚めさせるということです。

その教えの名残りは、どの国のどの宗教にも現われています。その基本原則は古代のペルシャ、エジプト、インド、チベット、中国、パレスチナ、ギリシャなど、数多くの国で教えられました。しかし最も純粋な形で伝えられてきたのがエッセネ派――紀元前三〇〇年または二〇〇年から紀元一〇〇年にかけて、パレスチナの死海とエジプトのマレオティス湖のほとりに暮らしていた神秘に満ちた同胞団――によるものです。パレスチナとシリアの同胞団のメンバーはエッセネ派であることがわかっており、エジプトのメンバーは〝テラピュータエ Therapeutae〟つまりヒーラーとして知られていました。

その教えの深遠な部分は、生命の樹にあります。エッセネ派の「天使との聖餐」や「七倍の平和」など物質的な教えは、本書の『エッセネ派の平和福音書　第一巻』にあり、最近になって死海文書が発見されました。

同胞団の起源は不明とされ、名前の由来も定かではありません。「エスノク Esnoch」すなわち「エノク Enoch」に由来すると考え、エノクが開祖であり、天使界とのエッセネ派の聖餐がエノクに最初に与えられたと主張する人もいます。

一方、天使界がモーセに啓示したシナイ山でモーセが聖餐を提案した選民である「エスラエル Esrael」）に由来するという見解もあります。

しかし、起源はともかくとしても、エッセネ派は同胞団としてかなり長期にわたって存在していたことは確かです。おそらく、別の土地では違う名前で存在していたのでしょう。その教えは、ザラスシュトラの『ゼンド・アヴェスタ』に見ることができ、ザラスシュトラの訳によって、その後数千年を生き延び、受け継がれました。バラモン教、ヴェーダとウパニシャッドの基本概念が含まれているほか、インドのヨガの体系も源を同じくしています。ブッダはのちに、本質的には同じ基本概念を広め、ブッダの説く「聖菩提樹」がエッセネ派の「生命の樹」にあたるとされます。チベットにおいては、この教えがやはりチベット仏教の「生命の輪」に現れています。

古代ギリシャのピタゴラス学派とストア学派も、エッセネ派の原則とその生活様式の大部分を踏襲しています。同じ教えが、フェニキア人のアドニスの文化の要素、すなわちエジプトのアレクサンドリア哲学校の要素でもあり、フリーメーソンやグノーシス主義、カバラ、キリスト教信仰という西洋文化の数多くの分野にも大いに貢献しています。イエスは、山上の垂訓の七つの福音のなかで、それを最も崇高で美しい形で解釈しています。

エッセネ派の人々は、都市や町から離れた湖や川のほとりに住み、共同生活を実践し、あらゆるものを平等に分かち合いました。エッセネ派の人々は主として農業や育樹に従事し、作物や土壌、気候条件に通暁し、その知識によって、砂漠のような地域にあっても、最小限の労働で、じつにさまざまな野菜や果物を栽培することができていました。

エッセネ派の人々には使用人も奴隷もおらず、理論においても実践においても奴隷制度を非難した最初の人々であると言われています。また貧富の差もなく、裕福であることも貧困であることも法に反していると考えていました。彼らはもっぱら律法に基づいて独自の経済体系を確立し、人に必要な食べ物や物資はすべて、律法の知識によって争わずとも得られることを明らかにしました。

また、彼らは古代の書物の研究と同様に、教育やヒーリング、天文学などといった特殊な学問の研究にも多くの時間を費やしました。カルデアとペルシャの天文学、エジプトのヒーリング技術の継承者であると言われていました。また、預言の達人でもあり、そのために長期にわたる断食をして備えました。人や動物のヒーリング用の植物やハーブの利用にも、同じく長けていました。

質素で規則正しい生活を送り、日の出前に起床し、自然の力を学んで心を通わし、儀式として冷水を浴び、白い衣を身にまといました。畑やブドウ園での日々の労働を終えると黙って食事をとり、食事の前後には祈りをささげました。生きとし生けるものすべてに心からの敬意を表し、食肉には決して触れず、発酵液を飲むこともありませんでした。夜は天の力を学び、その力と心を通わす時間でした。

夕方（日没）はエッセネ派の人々にとって一日の始まりであり、安息日すなわち聖日は、金曜の夕方（日没）に始まり、この日が週の最初の日でした。この日は学びや考察、訪問者のもてなしや何らかの楽器の演奏のために与えられた一日であり、その遺物も発見されています。

こうした生活様式は百二十歳以上の寿命を可能にし、彼らは驚くほどの体力と忍耐力があると言われていました。どんな活動においても、彼らは創造的な愛を表現しました。

同胞団からはヒーラーや教師を輩出し、なかにはエリヤ〔訳注：ヘブライの預言者〕や洗礼者ヨハネ、使徒ヨハネ、エッセネ派の偉大なマスターであるイエスがいました。

同胞団に入るためには、一年間の見習い期間と三年間の入門にあたっての課業が求められ、さらにその後七年以上が経過するまで、完全な奥義は与えられませんでした。

エッセネ派の生活様式の記録は、当時の文書から今に伝わっています。ローマの博物学者プリニウス、アレクサンドリアの哲学者フィロン、ローマの歴史家ヨセフス、ソラニウスなどが、それぞれにエッセネ派の人々について、「己と戦い、世界のどの民族よりも素晴らしい」、「中央アジアから教えを受け取った最古参の秘儀参入者」、「いくつもの時代の計り知れない空間を通じて続いてきた教え」、「堅固で永久に変わることのない神聖」であると話しています。

外典の一部は、ローマのバチカンにアラム語の文書で保管されています。オーストリアのハプスブルク家の所蔵品のなかにもスラブ語の文書が見つかり、チンギス・カン率いる遊牧民の群れから逃れるネストリウス派の聖職者らによって、十三世紀にアジアから持ち出されたものだと言われています。

教えの名残りは現在も、フリーメーソンの儀式や七枝燭台（メノラー）のシンボル、モーセの時代から使われていた「あなたに平和がありますように」という挨拶のほか、元のスピリチュアルな意味が失われて久しい七曜制まで、さまざまな形で存在しています。

その古さ、時代を超えた持続性から、この教えはいかなる個人や民族の概念でもありえず、宇宙の法則、基本的な法則という、一連の偉大な教師による解釈であることが明らかです。それは軌道上の星々のように永久不変で、二千年、一万年前と今も変わらず、当時と同様に今日においても当てはめることができます。

この教えは律法を説明するもので、人間が法からいかに逸脱しているか、それがすべての悩みの原因であることを示し、そのジレンマから脱出するための方法を教えてくれています。

『第三巻　エッセネ派同胞団の失われた巻物』目次

エッセネ派の平和福音書　第三巻

七倍の誓い

私は、
永遠の宇宙の庭を造り
私にスピリットを与えた
私の天なる父とともに、
偉大な大地の庭を造り
私に身体を与えた
大地なる母とともに、
同胞団の庭で働いている
兄弟らとともに、
私たちの同胞団の偉大なマスターたちが植えた
生命の樹のように生きるために
最善を尽くすことを望み、そのようにします。

私は、

私たちの同胞団の偉大なるマスターたちが
定めたとおりに、
大地なる母に仕える天使たちと
毎朝、心を通わし、
天なる父に仕える天使たちと
毎夕、心を通わすために、
最善を尽くすことを望み、そのようにします。

私は、
七倍の平和の道をたどるために
最善を尽くすことを望み、そのようにします。

私は、
私たちの同胞団の偉大なマスターたちの
教えに従って
行動する私の身体、
感じる私の身体、
そして思考する私の身体を完全にするために
最善を尽くすことを望み、そのようにします。

私はいつでも、どこでも畏敬の念をもって、
私のマスター、
あらゆる時代の偉大なマスターたちの光を
私に与える者に従います。

私は、
同胞団の庭で働く
私の兄弟たちの誰に対する
どんな違いについても、抱くかもしれないどんな不平についても、
マスターに服従し、
マスターの決定を受け入れますし、
私は決して、外の世界に
兄弟に対するどんな不平も持ち出すことはありません。

私はいつでもどこでも
私のマスターが伝えてくれるであろう
私たちの同胞団の伝統の一切の
秘密を守り、

私のマスターの許可なく
その秘密は決して誰にも明かしません。
私は決して、マスターから受け取った知識を
私のものであると主張しませんし、
私は常に、この知識のすべてについて
マスターを信用します。

私は決して、物質的な目的にも利己的な目的にも
マスターからの通過儀礼を通じて得た
知識や力を使いません。

私は、
天なる父に対して
大地なる母に対して
そして偉大なマスターたちに対して
畏敬の念を抱いて、
神聖で、純粋で、救いとなる教えに対して畏敬の念を抱いて、
選民の同胞団に対して畏敬の念を抱いて、
永遠無窮の庭に入ります。

エッセネ派の礼拝

プロローグ

神が、自らの民が生命の光を見なかったがために
死ぬのを目にして、
民が人の子らの前で生命の光を輝かせるよう
イスラエルで最も優秀な者たちを選び、
その選ばれた者たちはエッセネ派と呼ばれました。
無知の者たちに教え、
病める者たちを癒やし、
第七の日の前日には毎回集まって、
天使たちと喜びをともにしたからです。

礼拝

長老：大地なる母よ、われらに生命の食物を与えたまえ！
兄弟たち：私たちは生命の食物を食します！
長老：太陽の天使よ、われらに生命の火を与えたまえ！
兄弟たち：私たちは生命の火を永久にともしつづけます！
長老：水の天使よ、われらに生命の水を与えたまえ！
兄弟たち：私たちは生命の水に浴します！
長老：空気の天使、われらに生命の息を与えたまえ！
兄弟たち：私たちは生命の空気を吸います！
長老：天なる父よ、われらにあなたの力を与えたまえ！
兄弟たち：私たちは天なる父の力により神の王国を建設します！
長老：天なる父よ、われらにあなたの愛を与えたまえ！
兄弟たち：私たちは天なる父の愛で心を満たします！
長老：天なる父よ、あなたの叡智を与えたまえ！
兄弟たち：私たちは天なる父の叡智に従います！
長老：天なる父よ、永遠の生命を与えたまえ！
兄弟たち：私たちは永遠の生命の樹のように生きます！

長老：汝に平和あれ！
兄弟たち：汝に平和あれ！

太陽の天使

さあ！　立ち上がって進み続けよ！
汝、不死身で、輝き、
敏速に駆け回る太陽の天使よ！
山々を超えよ！
世界に光を生み出したまえ！

太陽の天使よ、汝は光の泉であり、
汝は闇を貫きます。
地平線の門を開けよ！
太陽の天使は大地のはるか上に住まい、
それでもその光線は、私たちの日々を生命と温もりで満たします。
朝の馬車は朝日の光をもたらし、
人の心を慰めます。

太陽の天使は私たちの道を
壮麗な光線で照らします。
太陽の天使よ！
汝の光線を私たちに投げかけたまえ！
その光線を私たちに当て、私たちを貫かせたまえ！
私は、生命の火で清められた
汝と汝の抱擁に身を任せます！
聖なる喜びが溶けて溢れ
汝から私へと流れます！
汝、太陽の天使へと向かって！
誰も太陽を裸眼で見上げることができないように、
神を面と向かって見ることができる人はいません。
生命の樹を守る炎で
焼き尽くされないようにする
ならば、聖なる法を学びなさい。
太陽のお顔と神のお顔は、
自らの内側に法の啓示を受けた人だけに
見えるからです。
汝は死が終わりであると思うのですか。

汝の考えは、闇夜の空と雨が降るのを見て、
太陽がないと泣く子どものように愚かです。
汝は法があれば強く育つのでしょうか。
ならば、光と温もりで人をあまねく照らし、
黄金の称賛を有り余るほどふんだんに与える
真昼の太陽のようでありなさい。
そうすれば、太陽に光がないことなど決してなく
光の泉は存分に、ふんだんに流れますから、
その光の泉が汝に環流するでしょう。
日が昇ると、
創造主が作られた大地が
きれいになり、
流水が純粋になり、
井戸水が純粋になり、
海水が純粋になり、
よどんだ水が純粋になり、
聖なる被造物はみな純粋になります。
輝きと称賛によって、
叡智に愛される

聖なる法の言葉に
よく耳を傾ける
人が生まれます。
その輝きと称賛によって、
太陽は自らの道を進み、
その輝きと称賛によって、
月は自らの道を進み、
その輝きと称賛によって、
星々は自らの道を進みます。
滅びることがなく、輝きを放ち、敏速に駆け回る太陽に
生贄《いけにえ》と祈りによる祈禱をささげます。
太陽の光が明るさを増すとき、
太陽の明るさが温かみを増すとき、
天の力が生じます。
その力が、天なる父が造られた
大地に対して称賛を注ぎ
光の子らを増やし、
滅びることがなく、輝きを放ち、敏速に駆け回る太陽の力を高めます。
暗闇に耐えるため、

目に見えずに忍び寄る死に耐えるために、
滅びることなく、輝きを放ち、敏速に駆け回る太陽に、
生贄を捧げる人は、
それを天なる父にささげ、
それを天使たちにささげ、
それを自らの魂にささげます。
滅びることがなく、輝きを放ち、敏速に駆け回る太陽に、
生贄をささげる
その者は天と地のあらゆる力に喜びを得ます。
私はその友情のために、
太陽の天使と
大地なる母の子らとをつなぐ
あらゆる友情のうちの最高の友情のために、
私は生贄をささげます。
滅びることなく、輝きを放ち、敏速に駆け回る太陽の天使の
称賛と光、
強さと活力を
私は祝福します！

水の天使

天の海から
無尽蔵の泉から
水は流れ来ます。

乾燥した不毛の砂漠に
庭と、木々が茂り花の芳香が漂う
緑地を産み出してもらおうと、
兄弟たちは水の天使を連れてきました。
水の天使の腕の中に飛び込めば、
天使は汝から、不浄で邪悪なものすべてを
追い出すでしょう。
川が海へと流れるように、
私の愛を汝へと流れさせたまえ、天なる父よ。

そして、やさしい雨が大地に口づけをするように、
私の愛を汝へと流れさせたまえ、天なる父よ。
森を流れる川は聖なる法だからです。
あらゆる被造物は法に依存し、
法は何の存在をも否定しません。
小さく細い流れが大きな川に向かうように
法は人の世に向けられてあるものです。
乾燥した場所の川は、
聖なる法を人間の世界にもたらす
兄弟たちです。
水に汝は溺れることもあれば、
水に汝はのどの渇きを癒やされることもあります。
ですから、聖なる法は諸刃の剣なのであり、
法によって汝は自らを滅ぼすこともあれば、
法によって汝は神を見ることもあるのです。
天なる父よ！
天の海から水という水が流れ、
七つの王国すべてに広がります。
汝だけのこの天の海は、

夏も冬も、どの季節も
水をたたえて進みます。
汝の海は、男性の種、
女性の子宮、
女性の母乳を浄化します。
天の海は
大きな種の穀物の畑に、
小さな種の牧草の畑に
地上世界全体に、何に妨げられることなく流れます。
一千もの清らかな泉が牧草地に向けて流れ
光の子らに食べ物を与えます。
もし誰かが、汝に身をささげるのであれば、
おぉ、汝、聖なる水の天使よ！
その者に対して汝は
健康と身体の活力とともに
輝きと称賛の両方を与え、
長寿と、
しかるのちに、そして天の海を与えます。
私たちは、大地の渇きを癒やす水、

創造主がお創りになった聖なる水、
また創造主がお創りになったすべての植物、
すべての聖なるものを、たたえます。
私たちは生命の水、
地上にある水域のすべてを
よどんだ水も、流れる水も、井戸の水も、
絶え間なく流れる湧き出る水も
神聖な雨のしずくも崇拝し、
私たちは、法が創造した素晴らしく聖なる水域に
生贄をささげます。
海、そしてあらゆる水域、
世界、そしてそこに住まうものたちをうならせなさい。
洪水には手を叩かせ、
山々にはともに喜ばせましょう。
主の声は水域にあり
栄光の神がとどろきます。
天なる父よ！　汝、水の天使よ！
私たちは汝に感謝し、水は汝の名前を祝福します。
愛の洪水が地下の隠れた場所から

わき出でて、
同胞団は聖なる生命水のなかで
永遠に祝福されます。

空気の天使

私たちは、ほかのどの被造物よりも
高い場所にある
聖なる香気を崇拝し、
そして私たちは、
最も真なる叡智を崇拝します。

森や野原の新鮮な空気のただなかに、
汝は空気の天使を見つけるでしょう。
その天使は気長に、
汝が町にあるじめじめとして込み合った穴ぐらから
立ち去るのを待っています。
空気の天使を探し求め、
その天使が汝に与える

癒やしの一杯を飲み干しなさい。
空気の天使があなたのなかにもたらされるよう、
長い深呼吸をしなさい。
汝の呼吸のリズムは
聖なる法をつまびらかにする
知識の鍵だからです。
空気の天使は
見えない翼で舞い上がりますが、
神のお顔を見ようとするなら
汝はその天使の見えない道を歩まねばなりません。
甘いザクロの最高級の花蜜よりも甘いのは、
イトスギの林の
風の芳香です。
さらに甘いのは、神を敬い、
聖なる法をあがめ、教える者たちの香りです。
聖なるものは空気の天使であり、
汚れたものを残らず浄化し
悪臭のするあらゆるものに甘い香りを与えます。
さあ、来たれ、おぉ、雲たちよ

数千もの雨粒となって
天から地上に降り、
その明るさと称賛の中を通って風は吹き、
決して枯れることのない泉に向かって
雲は駆け下ります。
光の王国を拡大する
法の小道に沿ってわたる風に育まれて
山々の谷間から蒸気が立ち昇ります。
天なる父は、その力によって大地を造り、
その叡智によって世界を確立し、
そしてそのご意志によって天を広げてきました。
父が声を発すると、
天に多数の水域が現れ、
そして父は、地上の隅々から
蒸気を立ち上らせ、
雨を伴う稲光を作り、
父の息から風をもたらします。
海は、上がったり下がったりする
水が集まってくる場所であり、

空気の道を上がり、地上へと降りてきて
再び空気の道を上り、
このように、立ち上がって進み続けよ！
そして、立ち上がり成長する者のために
天なる父は
永遠でこの上ない光の場所を作りました。
空気の天使が許さなければ、
誰も神の御前に進み出ることはできません。
汝の身体が大地なる母の空気を吸わなければならないように、
汝のスピリットも天なる父の法を吸わなければなりません。

大地の天使

私たちは、
健康と幸福に満ち、
そこにいるどの被造物よりも
力強い
豊かな大地であれと祈ります！

私たちは、この広い大地が
実をつけ、結実の盛りにある
汝の母、聖なる植物を
道々に沿って遠くまで広めたことを称賛します！
私たちは、あなたが育つ土地を、
甘く香り、急速に広がっていく
大地なる母の良き成長を讃えます。

私たちは、善良で、力強く、恵み深く、
天の露と、
大地の豊かさと、
穀物とブドウの豊かな収穫とを喜ぶ
大地の天使を褒めたたえます。
私たちは、牧草と水が豊かで
いくつもの川や小川が流れる
高い山々を褒めたたえます。
私たちは、動物と人間を養うため、
光の子らを養うために、
大地から成長する
大地の天使の聖なる植物を褒めたたえます。
大地は強力な保護者であり、
聖なる保護者であり、扶養者です！
私たちは、天なる父によって創造された
強力な保護者、大地の
力強さと活力を褒めたたえます！
私たちは、
ハーブや植物の秘密を知っている

大地のヒーラーを褒めたたえます。
ヒーラーに対して大地の天使が
古代の知識をつまびらかにしてきました。
主が大地から生み出した薬を、
賢い者が用いるようになるでしょう。
水が、その美徳が知られていたであろう木によって
甘くならなかったでしょうか。
能力を与えられた兄弟たちによって
法は守られ、遂行されるでしょう。
そのようにして兄弟たちは人々を癒やし、
痛みをなくし、
彼らの作業は尽きることがありませんし、
それによる平和は大地全体に及びます。
そしてヒーラーには役目と栄光が与えられます。
それは天なる父が創造したものだからであり、
汝に彼らは必要ですから、彼らに汝の元を去らせてはいけません。
私たちは、主が祝福した畑で
同胞団の庭でともに働く
農夫たちを褒めたたえます。

右腕と左腕とで
大地を耕す者には、
天使がたくさんの果実、
そして健康によい緑の植物と黄金の穀粒を
もたらしてくれるでしょう。
甘さと豊かさが、健康と癒やしとともに
充足と増大と豊富さを伴って
その土地から溢れ、
その畑から溢れます。
穀物や牧草、果物の種をまく者は
聖なる法の種をまいているのであり、
創造主の法を推し進めています。
地上全体が庭となったとき、
物質的な世界全体が
老いと死から、堕落と腐敗から
未来永劫にわたって解放されるでしょう。
慈悲と真実が出会い、
高潔と平和が互いに口づけをして、
真実が大地からわき出て、

称賛が私たちの土地に住まうでしょう。

生命の天使

汝の創造主の恩を忘れてはいけません
汝に生を与えたのですから。

法を汝の聖典に求めてはいけません。法は生命だからであり、
しかるに聖典は単なる言葉です。
真にあなた方に告げます、
モーセは神から、法を文字で書かれたものとしてではなく、
生きている言葉を通して受け取りました。
法は、生きている人間のための生きる預言者に宛てられた、
生きている神の生きた言葉です。
命あるあらゆるものに、法が書かれています。
その法、牧草に、木々に、
川に、山々に、天の鳥たちにあり、

森の動物たち、海の魚たちにありますが、
主として汝自身の裡にあります。
生きているものはみな、生命のない聖典よりも
神の近くにいます。
神が生命と生きとし生けるものをそのように作られたので、
そうやって作られたものたちが不死の言葉によって
天なる父と
大地なる母の法を
人の子らに教えます。
神は本のページに法を書いたのではなく、
汝のハートに、汝のスピリットに書かれたのです。
その法は、汝の呼吸に、血液に、骨にあり、
肉に、目に、耳に
そして身体のあらゆる細部にあります。
さらに、空気中に、水中に、
大地に、植物に、太陽光線に、
深いところに、高いところにあります。
その法はいずれも、
汝が生きた神の言語と意志を理解するよう

汝に話しかけます。
そして聖典は人の労作ですが、
生命とそれが宿る肉体はみな、神のみわざです。
第一に、おぉ、偉大な創造主よ！
あなたは天の力を創造し、
そして、天の法をつまびらかにしました！
あなたは私たちに
あなた自身のマインドからの理解を与え、
あなたは私たちの肉体を持つ生命を作りました。
私たちは、あなたの多数の生命のギフトすべてに対して
天の貴重な物事に対して
太陽によってもたらされた貴重な果実に対して
月によって芽吹いた貴重な物事に対して
古代の山々の偉大な物事に対して
延々と続く丘の貴重な物事に対して
そして、地上の貴重な物事に対して
天なる父に感謝しています。
私たちは、健康の力、身体の健康
賢明で、明るく、澄んだ瞳、足が速く、

耳が早く、腕が強く
そして、タカのような視力に対して
天なる父に感謝しています。
生命の多種多様なギフトすべてに対して、
私たちは生命の火と、
天の秩序という聖なる光を崇拝します。
私たちは火を

善良な人と親切な人を
生命の火を崇拝します！
最も有益で、最も有用な
生命の火！
最も頼りがいがあり、最も恩寵豊かな、
主の家なる火！
今こそ、生命の天使と心を通わす
光の子をよく見なさい。
さあ見よ、この力強さは腰にあり
その体力は胸の筋肉にあります。
光の子は自らの脚を杉の木のように動かし
太ももの筋は互いに絡み合います。

骨は真鍮の管のようであり、
四肢は鉄の棒のようです。
大地なる母の食卓で食べ、
草原の牧草と川の水が
光の子を養い
もちろん山々も彼に糧を与えます。
祝福されているのは光の子の強さと美であり、
光の子は法に従います。
聖なるスピリットの至聖所は、
生命の火が永遠の光で燃える
身体です。
私たちはあなた、天なる父に感謝します。
あなたが私たちを流れる川の源泉に、
干上がった土地にある生きた源泉に置き、
永遠の不思議の庭、
生命の樹、神秘中の神秘を潤し
永遠の植林のために不朽の枝を成長させ、
永遠の源から
生命の川に根を下ろします。

喜びの天使

天は微笑み、地は祝福し、
朝の星々がともに歌い、
光の子らはみな喜びの声を上げます。

おぉ、天なる父に新しい歌を歌い
大地なる母に、すべての地に歌いなさい。
天を楽しませ、そして地を喜ばせ、
海を大笑いさせれば、永遠の生命が満たされています。
野原を喜ばせれば、すべてはそこにあり、
森の木々は残らず
聖なる法の前に喜ぶでしょう。
天なる父に歌を歌い
汝らはみな天のなかの天、

そして汝らは天上にある水域、
山という山、丘という丘
彼の言葉を実現する暴風
果樹とあらゆる杉の木
獣たちと全家畜
地を這うものたちと空を飛ぶ鳥、
地上の王たちとその民たち全員
王子たちと地上の全裁判官
若い男と娘、年老いた人たちと子どもたち
その者たちに天なる父への歌を喜んで歌わせなさい。
主に向けて竪琴を弾き、讃美の声で歌いなさい。
トランペットと管楽器の音によって
天使たちの前で楽しげな音を立てなさい。
洪水に喝采をさせ、
丘たちにともに主の前で楽しませていなさい。
主、汝らの土地すべてに対して楽しげな音を立てなさい。
喜び、楽しみながら
天なる父と大地なる母に仕え、
歌いながら父と母の前に来なさい。

聖なる法のスピリットは私の上にありますが、
それは、年長者たちが私を聖別して、
従順な人たちに吉報を説くからです。
年長者たちは私を遣わせて、失意の者たちを縛り、
囚人に自由を宣言し、
縛られた者たちに牢獄が開かれているのは、
嘆く者を残らず慰め、
聖なる喜びの天使のもとへその人たちを送り、
その者たちに、灰のための美しさ、
哀悼のための喜びの油、
重苦しいスピリットのための光の衣を与えますが、
それは、夜通しさめざめ泣いても、
朝には喜びが訪れるからです。
暗闇のなかを歩んでいた人々は
素晴らしい光を見るでしょうし、
死の影がさす土地に住む者たちの
頭上には、聖なる法の光が輝くでしょう。
汝らの天が上から降りてきて、
空から幸せが降り注ぐままにします。

悲しんでいる人々は、喜んで外に出させて、
安心して導かれるままに進ませ、
山も丘も歌い出すでしょう。
その者たちは聖なる祝福に参加し、
永遠の海に立つ
生命の樹の果物を食べます。
太陽はもはや彼らの日中の光となることはなく、
また明るさもなく
月が彼らに光を与えるでしょうが、
法は永続する光を当て、
天なる父と大地なる母は、
永遠の栄華を誇るでしょう。
太陽はもはや沈むことはなく、
月も自ら姿を消すことはないでしょうが、
法がその永続的な光となり、
哀悼の日々は終わるだろうからです。
私は聖なる法を大いに喜び、
私の魂は天使たちのなかで喜びに満ちるでしょうが、
それは、天使たちが私に光の衣を着せ、

喜びの長衣で包んでくれたからです。
大地が芽を出すように、
そして庭が、まかれた種を芽吹かせるように、
天なる父が聖なる法を
光の子らみなの前で
喜びと楽しみとともに
芽吹かせるでしょう。
同胞団の庭では、
すべての地が神聖で喜びにあふれた輝きを放ちますが、
それは、聖なる法の種がまかれているからです。
法は光の子らにとって
あらゆるよきことのうち最良のものであり、
それは光の子らに光明と栄光を
身体の健康と強さを
天使たちと一体となって生きる長寿を
そして、果てしない喜びを与えます。
私たちは天なる父に、
大地なる母に、
あらゆる天使たちに

私たちが同胞団の庭で生きているかぎり歌うでしょうし、
私たちは未来永劫にわたって
聖なる法への賛歌を歌うでしょう。

大地なる母

汝の日々が地上で長く続くよう
汝の大地なる母を敬いなさい。

大地なる母は汝のなかにあり、汝は母のなかにあります。
母は汝を生み、汝に生命を与えました。
汝に身体を与えたのは母であり、
母に対して汝はいつの日か、身体を返すでしょう。
母と母との王国を知れば、
汝は幸せです。
汝が母の天使たちを受け入れ、
母の法に従えば、
それに従う者は、病を知ることは決してないでしょう。
私たちの母の力は何物をもしのぐからです。

母は人間と、生きとし生けるものの身体を
完全に支配します。
私たちの中を流れる血液は
私たちの大地なる母の血液から生まれています。
母の血液は雲から降ってきて、
大地の子宮から飛び上がり、
山々の小川でさらさらと音を立て、
平原の川をゆったりと流れ、
湖で眠り、
荒々しい海で力強く暴れます。
私たちが吸う空気は、
私たちの大地なる母の息から生まれます。
母の息は天の高さにあっては空のように青く、
山々の頂でざわめき、
森の木々の葉の合間でささやき、
穀物畑をわたりながら渦巻き
深い谷底でまどろみ、
砂漠で熱く燃えます。
私たちの骨の硬さは

大地なる母の骨から、
岩から、石から生まれます。
岩や石は山々の頂で
天に対してまったくの無防備でたたずみ、
山々の斜面で横たわって眠る巨人のようであり、
砂漠に据えられ、
大地の深くに隠された偶像のようです。
私たちの肉の柔らかさは
私たちの大地なる母の肉から生まれ、
その肉は木々の果物の中で黄色く赤くなり、
畑の畝で私たちを養います。
私たちの目の光は
耳の聴力は
いずれも、私たちの大地なる母の
色と音から生まれ、
海の波が魚にそうするように、
渦巻く空気が鳥にそうするように、
私たちを取り巻きます。
人は大地なる母の子であり、

人の子は母の胎に
赤児の体をもって宿るとともに
大地なる母から
完璧な肉体を授かっているのです。
汝は大地なる母とひとつであり、
母はあなたの裡におわし、あなたは母の裡にいます。
母から汝は生まれ、汝は母のなかで生き、
汝は再び、母に戻るでしょう。
ですから、母の法を守りなさい。
大地なる母を敬い、
母の法に従う者以外に、
長く生きられ、幸せな人はいないからです。
汝の息は母の息、汝の血液は母の血液、
汝の骨は母の骨
汝の肉は母の肉
汝の目と汝の耳は
母の目と母の耳なのです。
私たちの大地なる母！
常に、私たちは母に抱かれ、

常に、私たちは母の美に囲まれています。
決して、私たちは母から離れられず、
決して、私たちは母の深さを知ることはできません。
絶えず、母は新しい形を創造し、
今存在するものは、以前は決してありませんでした。
過去に存在したものは、再び戻ることはありません。
母の王国では、すべてが絶えず新しく、常に古いのです。
母の真んなかで私たちは生きていますが、私たちは母を知りません。
絶え間なく母は私たちに話しかけていますが、
母の秘密が私たちに暴露されることは決してありません。
絶えず、私たちは母の土を耕し、母の作物を収穫しますが、
私たちには母を上回る力はありません。
絶えず母は作り、絶えず母は破壊し、
母の仕事場は人間の目には見えないところに隠されています。

力の天使

汝の、おぉ、天なる父!
私たちひとりひとりと全てにとっての道を
整えたのは、その御力でした。

立派に果たされた行いとはなんでしょうか。
それは光の子らによる行いであり、
光の子らは、法とはすべてに先立つものとみなしています。
あらゆる贈り物のうちで最良のもの
ゆえにこそ、私があなたに希うもの
至高の存在、天なる父よ!
聖なる法が私たちの内側を
力の天使を通じて支配しますように!
私は、汝の偉大な力というギフトが

天の秩序と、
私たちの内側にある汝の創造的なマインドが、
永遠に保護されますようにと祈りをもって訴えます。
私たちは天なる父、おぉ、全能の王！
汝を強く称賛します。
そして私たちは汝の力を永遠に、永久に祝福します。
私たちが力を持つことができ、それを持っているかぎり、
天なる父、大地なる母、
聖なる天使たち、
そして同胞団の庭の土を耕す光の子らみな
そのすべてに対する信仰とともに
人々によってなされるべき行いについて
彼らの魂と身体のなかに天の怪物の到来を願って
私たちが人々に教えるでしょう。
汝のもの、おぉ、天なる父は力であり、
同じく汝のもの、おぉ、愛の創造者！
汝が私たちのひとりひとりと全員にとっての道を命じたとき
それは理解でありスピリットでした。
汝の力を通じて、私たちは人々のところに行き、

そして、その人々に法に対する信頼を教え、
聖なる天使たちの道を歩むでしょう。
汝はその土地に住まい、
大地なる母の宴の席から大いに食べ物が与えられるでしょう。
天なる父の力により、
汝自身をも大いに喜ばせなさい。
そうすれば、父は汝が心から望むものを与えるでしょう。
汝の口から傲慢な言葉を出してはいけません。
天なる父が聖なる法によって支配していて、
父によって行動の重さが量られているからです。
父は陰府《よみ》に下し、引き上げます。
法の力は貧しくし、豊かにし、
父の力は低くし、持ち上げます。
父は貧しき者を埃の中から持ち上げ、
物乞いを堆肥のなかから持ち上げ、
その者たちに栄光の玉座を引き継がせます。
天から父は暗闇の子らの上に
雷鳴をとどろかせ
主は地の果てを力で統治するでしょう。

荒野と不毛の砂漠で叫ぶ
兄弟たちの声を聞き、
汝らは法の道を整え、
天なる父と、
大地なる母と、
日中と夜の聖なる天使たちすべての道をまっすぐにしなさい。
どの谷も埋められ、
どの山も丘も低くされるでしょうし、
心の曲がったものは正され、
でこぼこ道はまっすぐにされ、
人類はみな法の力を知るでしょう。
私たちはあなた、天なる父を大いに褒めたたえます。
あなたが私たちを持ち上げたからです。
おぉ、主よ、私たちの万能で力強い父、
私たちはあなたに叫び、あなたは私たちを癒やしました。
人々の魂を
陰府から持ち上げ、
人々が穴に落ちないよう、
あなたはその人々を生き返らせました。

おぉ、天なる父、あなたは法であり、
早晩私たちはあなたに仕える天使たちを探すでしょうし、
私たちの魂は法を渇望していて、
私たちの肉は法を熱望しています。
水などない乾燥しきった土地で、
聖なる力の川は法です。
私たちの唇は私たちが生きている間、あなたの力を称賛し、
私たちは、あなたの名において私たちの手を持ち上げるでしょう。
私たちは、行いを遂行することによって
あなたの天の秩序を保護し、育むでしょう。
私たちは昼夜を分かたず
あなたの聖なる力を請い、
力が私たちを助けに来てくれると宣言するでしょう。
それはまるで、天使たちが千人もいて、
ひとりの人を見守っているかのようです。
あなた、天なる父にあらゆる力が属し
あなたには慈悲も属していますが、
それは、聖なる法はひとりひとりに、
その働きに応じて与えるからです。

愛の天使

愛する者よ、互いに愛し合いましょう。
愛は天なる父だからであり、
そして、愛する人はみな
天なる父と大地なる母から生まれ、
天使たちを知っています。
天なる父があなたを愛したように
汝らはお互いを愛するでしょう。
天なる父は愛だからです。
愛に住まう者は

愛は、深い水域の
流れよりも強い。
愛は死よりも強い。

天なる父の裡に住まい
天なる父はその者の裡に住まいます。
父を愛する者には、
その人が力の限り前進するとき、太陽でいさせなさい。
兄弟たち、お互いへの終わりのない愛と思いやりをもって
汝ら一致団結しなさい。
汝は汝の人々の子らに対して、
復讐することも、恨みを持つこともせず、
汝の隣人を自分自身のように愛しなさい。
ある人が、
私は天なる父を愛しますが、兄弟は嫌いですと言えば、
その人は嘘つきです。
目に見えている兄弟を愛さない人が、
どうやって目に見えない天なる父を愛することができるのでしょうか。
天なる父を愛する人は、
自らの兄弟も愛します。
汝らはよそ者も愛しますが、
それは、汝らがエジプトの地ではよそ者だったからです。
人々が言うには、

愛ある野菜を正餐する方が
畜舎に閉じ込めた牛を憎しんで食べるよりも素晴らしいものです。
愛ある言葉はハチの巣のように、
魂には甘く、骨には健康です。
人の口から出る言葉は、深い水域のようで、
愛の源泉は流れる小川のようです。
法が汝に求めることは
正しい行いではなく、慈悲を愛することであり、
天使たちとともに謙虚に歩むことです。
これによって私たちは、
私たちが天なる父を愛し、
その法を守っていれば、
愛の天使が私たちのなかに住まうのだと知るのです。
寛大な愛！
愛の創造主！
私たちの内側に住む汝の神聖なマインドを通じて
最善の言葉を明らかにしてください。
同胞団の庭の土を耕す
光の子らに言いなさい。

あるゆる人に敬意を表しなさい。
同胞団を愛しなさい。
法に従いなさい。

叡智の天使

すべての叡智は天なる父からやってきて、
永遠に父とともにあります。
聖なる法を通じて叡智の天使が

主に従うことは、
叡智の始まりです。
聖なる人の
知識は
理解です。
その人によって
汝の日々は増し、
そして汝の人生の年月は
増すでしょう。

光の子らを導きます。
誰が海の砂と、
雨粒と、永遠の日々を数えることができるでしょうか。
誰が天の高さと、
大地と、わだつみと叡智の広さを
知ることができるでしょうか。
叡智は何よりも先に創造されました。
ある人は美徳で癒やし、
ある人は正義で癒やし、
ある人は薬草で癒やし、
ある人は賢明な言葉で癒やします。
あらゆる救いの方法のうち、
これは、賢明な言葉で癒やす
癒やしの方法です。
そして、誠実な人の身体から病気を最もよく撃退するでしょう。
叡智はあらゆる救いの方法のうち最良の癒やしだからです。

聖なる法に従うことは、叡智の王冠であり、
いずれも天使たちのギフトである

平和と完全な健康を溢れさせます。
汝の天の秩序によって
私たちを導いてくれる叡智の天使の助けを得て、
そして汝の聖なる叡智によって呼び覚まされた
言動によって、
私たちは汝、おぉ、天なる父！
汝の近くに行くでしょう。
私たちのところに来てください、天なる父よ、汝の創造的なマインドとともに、
そして、汝の天の秩序を通じて
ギフトを与える汝は、
この生命が同胞団の庭で
聖なる奉仕に注がれるようにと
叡智という長持ちするギフトを
光の子らに等しく与えます。
私たちのマインドの中で実現している
汝のすばらしいマインドの領域では、
神聖な生命の樹が住まう
天の秩序から
叡智の道が流れます。

どんなやり方で、汝の法が顕在化するのでしょうか、
おぉ、天なる父よ！
天なる父は
叡智と完全に一体となった
よい思考によって答えを出します。
おぉ、光の子よ！
よく話されているる言葉は何でしょうか。
それは祝福を与える叡智の言葉です。
よく考えられているのはどんな思考でしょうか。
それは光の子が考えることであり、
ほかのあらゆるものの価値の大半を占める
聖なる思考をする者です。
そうして光の子は集中力と心の交流を成長させ、
叡智を発達させ、
無限の庭のあらゆる謎を
思考し続けます。

生命の樹はどこにあるのか、明かされることになるでしょう。
そして光の子は勝利を得た次のような言葉を口にするでしょう。

おぉ、天なる父！
光の子にとって
父の最も価値あるギフトである
よい思考、よい言葉、よい行いを通じて
私に、あなたの地上の王国の建物のための
仕事を与えてください。
おお汝、天の秩序よ！
そして汝、あまねく存在するマインドよ！
私は汝と天なる父を崇拝するでしょうし、
父のおかげで私たちの内側にある創造的なマインドが
不滅の王国を進歩させています。
聖なる叡智は、全人類から恐れをなくさせ、
寛大にし、善悪の判断をしやすくさせます。
聖なる叡智、永遠に、
間断なく、終わることなく展開する理解は、
聖なる巻物を通じては獲得されません。
それは、死んでしまった人々も、
死ぬことになっている人々も、
ほとんどの人々を荒廃させる無知です。

無知が聖なる叡智に取って代わられるであろうとき、
そのときに、甘さと豊かさが再び、
健康と癒やしとともに、
充足と、拡大と、成長と、
大量の穀物と、大量の牧草とともに
私たちの土地と、私たちの畑に戻ってきて、
砂漠を平和の川が流れるでしょう。

永遠の生命の天使

そしてエノクは神とともに歩みました
そしてエノクがいなくなりました。
神が取られたからです。

地上では、エノクのような人はひとりも創造されませんでした。
エノクは地上から取られたからです。
エノクは雲の真ん中にある明けの明星のようであり、
満月の月のようであり、
神の神殿を照らす太陽のようであり、
そして、明るい雲に光を与える虹のようであり、
そして、春のバラの花のようであり、
川のほとりのユリのようであり、
夏のフランキンセンスの木の枝のようであり、

実をつけ始めた美しいオリーブの木のようであり、
雲に向かって成長するイトスギの木のようでもあります。
最初に法に従ったのはエノクであり、
最初のヒーラー、最初の賢者、
幸福な者、栄光ある者、強者であり、
病を追い返し、死を追い返しました。
エノクは、法を知らないがために
人間の身体に対して創造されてしまった
病気と闘い、死と闘い、
痛みと闘い、発熱と闘い、
害悪や感染と闘うための、
治療薬の元を手に入れました。
私たちはエノクを
生命のマスター、
私たちの同胞団の創始者、
法の人、
あらゆる存在で最も賢明な者、
あらゆる存在で最良の支配者、
あらゆる存在で最も明るい者、

あらゆる存在で最も栄光ある者、
あらゆる存在のなかで最も祈りに値する者、
あらゆる存在のなかで最も讃美を受けるに値する者、
何が良いことかを最初に考え、
何が良いことかを最初に話し、
良いことを最初に行った人を招来しました。
最初の聖職者であり、
最初に土地を耕し、
言葉と、聖なる法の順守を
最初に知って最初に教えました。
光の子らみなに、
エノクは生命のあらゆる良きことを与え、
エノクは最初の法の伝達者です。
それは文字として書かれた父エノクの言葉であり、
私たちは創造主、
天なる父、
明るく輝かしい天使たちにささげ物をします。
私たちは、輝く天にささげ物をし、
私たちは、聖なる永遠の天使たちの

明るく、常に幸福な至福の叡智にささげものをします。
天なる父よ！
私たちに、願望と、最もまっすぐな道の知識を
天の生命の秩序ゆえに最もまっすぐな人を
喜ばしいことを完全に輝かせる
天使たちの最良の生命を
授けてください。
健康は素晴らしく、永遠の生命も然りであり、
いずれも天の秩序、
マインドの善良さの、
そして永遠の生命の創造主への献身のために行なわれる
生命の行動の創造主から流れています。
私たちは至高の空にささげ物をし、
私たちは無限の時間にささげ物をし、
私たちは終わりのない永遠の生命の海にささげ物をします。
私たちは最も栄光ある法を請います。
私たちは天の王国、
無限の時間、そして天使たちを請います。
私たちは永遠の聖なる法を請います。

私たちは、回転する円の中を永遠に動き回っている
星々の、月の、太陽の、そして終わりのない光の
道をたどります。
そして思考と言葉と行いの正直さが、
忠実な人の魂を
永遠の生命の終わりのない光のなかに置きます。
天なる父は、その古い御業の前、父の道の初めに、
私を支配していました。
永遠の以前から、始まりから、
あるいは地がまだなかったとき、私は始まっていました。
深さがなかったころ、私は生まれましたが、
それは父がまだ、大地も、野原も、
世界の塵の始まりをも作っていなかった頃のことです。
父が天を設けられたとき、私はそこにいて、
父が深部の面に円を描いたとき、
空を上空に固めたとき、
わだつみの源泉が強くなったとき
水が父の法を逸脱しないようにと
海にその境界を設けたとき、

大地の基盤を区切ったとき、
そのとき私は、職長として父の傍にいて、
私は毎日、父の歓喜であり、
父の前で常に喜び、
住むのに適した大地で喜び、
私の大きな喜びは、人の子らとともにありました。
未来永劫にわたって天なる父は君臨し、
父は王者の威厳と権力とをまといます。
父は永遠の以前から存在します。
洪水が高みにあげました、おぉ、主よ
洪水がその声を高く上げ、
洪水がその波を高く上げます。
高みにいる天なる父は、
大水の激しい音よりも強く
それどころか、海の荒々しい波よりも強いのです。
そのみ名は永遠に続き、
そのみ名は未来永劫にわたってとどまり、
そして光の子らはみな、父のもとで恩寵を受け
そして人はみな、父を祝福された者と呼ぶでしょう。

全地が天なる父、
大地なる母、
そして聖なる天使たちのすべての
名誉で満たされるままにしなさい。
内なるビジョンに到達し、
自分のなかにある汝のスピリットを通じて
私は汝の驚くべき秘密を聞きました。
汝の秘伝の洞察を通じて
汝は、私のなかに込み上げてくる
知識の泉を、
生きた水に注ぐ力の根源を、
永遠の光の輝きのような
溢れる愛とすべてを受け入れる叡智を生じさせました。

仕事の天使

自らの手ですくって
水を計り
少しずつ天国を分け与え
大地の塵を多少包含し、
山々の重さを計り、
丘を天秤にかけたのは誰でしょうか。

太陽が昇り、兄弟たちが集まって、
畑仕事に向かい、
強い足腰と元気な心で
同胞団の庭でともに労働に取り掛かります。
彼らは、天なる父の善きことに従事しますから、
善き労働者です。

彼らは、法を教える者と、法のために戦う者のスピリットであり、良心であり、魂です。
右腕と左腕で、彼らは土を耕し、
砂漠は一気に緑色と黄金色になります。
右腕と左腕で、地上に天の王国を建設しようと
彼らは石を並べます。
彼らは仕事の天使の遣いであり、
聖なる法が彼らの裡に開示されます。
おぉ、天なる父よ！　あなたの御業はなんと多岐にわたるのでしょう！
あなたは彼らみなを叡智のなかで作られ、
地上はあなたの豊かさで満ちています。
あなたは泉を
丘の合間を通る谷に送ります。
汝は飲み物を野原の獣のどの一頭にも与え、
牛のために牧草を生やします。
汝は天国の鳥たちがそこに住まい、
枝の合間で甘い声で歌うよう、
力強い木々を彼らの場所に設けます。
あなたは、人が大地から植物を生み出すように、

その人の奉仕に対してハーブを与えます。
兄弟たちが地上に天の王国を建設していますから、
兄弟たちの手によって、あなたのギフトが実を結びます。
あなたは自らの手を開き、兄弟たちは善きことで満たされます。
あなたは自らのスピリットを送り、兄弟たちは創造され、
聖なる天使たちと一緒に、
兄弟たちは大地の表面を新しくし直すでしょう。
おぉ、天なる父、ただ唯一の存在であるあなた！
光の子らに、大地で最高の喜びを感じる
一番の場所がどこであるかを
明らかにしてください。
天なる父は答えてこう言われました。
それは、聖なる法に従う兄弟たちのひとりが、
その者のよい思考、よい言葉、よい行いによって踏み出す場所です。
その足腰は力強く奉仕に耐え、
その手は怠けず、
法に従って精一杯に声を上げるのです。
その場所は神聖で、兄弟たちのひとりが
ほとんどの穀物、牧草、果物の種をまき、

その場所でその者は乾燥している土地には水をまき、
水が多すぎる土は水を抜きますが、
光の子らによって大切にされ、世話をされた
大地の深みからは
身体の栄養のためになるものだけが取り出されます。
恩寵を受けているのは光の子らで、
その喜びは法の働きにあり、
日中は同胞団の庭で労働し、
夜間は天なる父に仕える天使たちに加わります。
その唇からは物語が語られ、
それが人の子らのための教えの役割を担います。
こんな話があります。あるとき木々が、
自分たちの上に王を立てようと出発しました。
そしてオリーブの木にこう言いました。
「汝よ、私たちを支配してください」
しかし、オリーブの木はその木々にこう言いました。
「私は、神と人を敬う自分の豊かさを捨てて
木々の上の立場にならなればならないのですか」
そこで木々はイチジクの木にこう言いました。

「汝よ、私たちのところに来て、支配してください」
しかしイチジクの木は木々にこう言いました。
「私は自分の甘さ、私のすぐれた果実を見放して、
木々の上の立場にならなければならないのですか」
そこで木々はブドウの蔓にこう言いました。
「汝よ、私たちのところに来て、支配してください」
すると蔓は木々にこう言いました。
「私は、神と人を喜ばせるぶどう酒をあきらめて
木々の上の立場にならなければならないのですか」
自らの仕事を果たす法の人は、
それ以上の神の祝福は必要ありません。

平和の天使

地上は天なる父の平和で
満たされるでしょう、
水が海を覆うように。

私は、やさしい呼吸をし、
手が力で覆われた
平和の天使に祈るでしょう。
平和の時代にあっては、飢えも渇きもなく、
冷たい風も熱い風もなく、
老いも死もありません。
平和の時代にあっては、
動物も人間も死ぬことがなく、
水も植物も枯れることがなく、

生命の糧がなくなることは決してないでしょう。
山々は人々に平和をもたらし
小高い丘は正しさをもたらす
と言われています。
太陽と月があるかぎり
世々限りなく
平和があります。
平和は刈り取られた草にかかる雨のように
大地を潤すにわか雨のように降ってくるでしょう。
平和の時代にあっては、法は強く育ち、
光の子らは海から海まで、
大地の果てまで、支配します。
平和の時代の源は、
天なる父にあり、
父はそのお力によって、山々をしっかりと据えつけ、
朝と夜を分けられ、
光を喜び、
大地に法の川をもたらして
そこを潤して豊かにし、

大地に雨を降らせて柔らかくします。
雨は荒野の牧草に降って、
小高い丘の全面が喜びに満ちます。
牧草地を羊の群れが覆い、
谷は穀物で覆われ、
牧草地も谷も喜びに声を上げ、また歌います。
おぉ、天なる父！
あなたの大地に平和の時代をもたらしたまえ！
そうすれば私たちは、古くから光の子らに教えていた人の言葉を思い出すでしょう。
私は汝の大地なる母の平和を
汝の身体に与え、
汝の天なる父の平和を
汝のスピリットに与えます。
そして両方の平和を
人の子らに行きわたらせます。
疲れ切った人や、
不和や苦痛に悩む人はみな私のところに来なさい！
私の平和は汝を力強くし、励ますだろうからです。
私の平和は溢れんばかりの喜びをも上回るからです。

ですから私は常にこんなふうに、
汝に平和がありますように！
と汝に挨拶するのです。
ですから汝は常に、
汝の身体に、
汝の大地なる母の平和が訪れ、
汝のスピリットに
汝の天なる父の平和が訪れるように、
互いにそのように挨拶しなさい。
するとあなたはやがて、あなた自身の裡に平和を見出すでしょう。
法の王国があなたの裡に書き込まれたからです。
そして、平和を得ようとする人たちは幸せであり、
天なる父の平和を見つけるでしょうから、
汝の兄弟たちのところに戻って、
汝の平和を兄弟たちにも与えなさい。
私が自らの平和を汝に与えたように、
みなに汝の平和を与えなさい。
私の平和は神の平和だからです。
汝に平和がありますように！

天なる父

天の王国では
不思議で驚くべき御業がありますが、
それは彼の言葉によってあらゆるものが成り立つ
からです。
それでも、私たちは彼の御業のほんの少ししか
見ていませんし、
天なる父はすべてのものを作られましたから、
今あるよりも大きなものが隠れているのです。

天の美、星々の栄光
天の海の最も高いところに光を与えなさい。
いと高き方の見張り番たちは、順番に立って、
決して見張り中に気がぼんやりすることはありません。
虹を眺め、虹を作った者を讃えなさい。

それは、それそのものの明るさのなかにあってとても美しく
素晴らしい円で天の周りを取り囲み、
最高の神の手がそれを曲げたのです。
神は自らの法によって、雪を速く降らせ、
神の裁きの稲光を素早く送ります。
これによって宝箱が開かれ、
雲が鳥のように飛んでいます。
神は自らの偉大な力によって雲を固定し、
雹が小さく砕けます。
神の一瞥で山々が揺れ
神のご意思で南風が吹きます。
雷鳴は大地を震わせ
北の嵐と竜巻も然りであって、
鳥が飛ぶように、神は雪をまき散らし、
その白さの美に
目は驚き
その心はその雨に打たれます。
そして天は神の栄光を宣言し、
天空は神の手仕事を示します。

誰が水を作り、
誰が植物を作ったのでしょうか。
嵐雲も、足の速い人も、最速の人ですら
風と結びつけたのは誰でしょうか？
おぉ、天なる父よ、
私たちの魂の内側の聖なる法の創造者は誰でしょうか？
光と闇を作ったのは誰でしょうか？
眠りと、起きている時間の歓びを作ったのは誰でしょうか？
循環する太陽と星々に
逸れない道を与えたのは誰でしょうか？
月が何によって満ち、
何によって欠けるのかを定めたのは誰でしょうか？
天なる父よ、あなたの他に誰が
これほど栄光に満ちた御業を成しえたでしょう！
主よ、汝は、世々限りなく
私たちが住まう場所です。
山々が生み出される前、
あるいはこれまで、あなたは地上と世界を形成し、
永遠の過去から永遠の未来まで、あなたは法です。

あなたの名は理解であり、
あなたの名は叡智であり、
あなたの名は最も情け深い者であり、
あなたの名は征服しがたい者であり、
あなたの名は真実を語る者であり、
あなたの名はすべてを見る者であり、
あなたの名は癒やす者であり、
あなたの名は創造主です。
あなたは番人であり、
あなたは創造主であり、養う者であり、
あなたは見分ける者であり、スピリットです。
あなたは聖なる法です。
そのいずれの名も、この天の創造の前に、
水と植物が作られる前に、
私たちの聖なる父エノクが生まれる前に、
決然としていました。
時が始まる前、
天なる父は、永遠の海の真ん中に永遠に立っている
聖なる生命の樹を植えました。

その樹の高い枝で鳥は歌い、
そこを旅して
鳥の神秘に満ちた歌を聞いた者だけが、
その者たちだけが天なる父を見るでしょう。
その者たちが父の名を尋ね、
父はこう答えるでしょう、私は「私は在る」という者であり（I AM THAT I AM）、
神、すなわち「私は在る」という者（I AM）と同じでありつづける者ですと。
おぉ、あなたは天なる父！
全地で何と素晴らしいあなたの名は！
あなたは自らの栄光を天の上に設けました。
私たちがあなたの天を、あなたの指の御業を、
あなたが定めた月と星々を考えるとき、
あなたを忘れない人間とは何でしょうか？
しかし、汝は光の子らと
契約をし、
光の子らはあなたの聖なる天使たちと歩み
あなたはその子らに栄光と名声を授け、
あなたはその子らに
あなたの手の御業を支配させ、

その子らに、
あなたの緑の大地で生き、
そして成長するあらゆるものを
養い保護する仕事を与えました。
おぉ、天なる父！
全大地で何と素晴らしいあなたの名は！
あなたに向かって叫ぶ者の声を聞いてください。
私はあなたのスピリットからどちらへ行くでしょうか？
あるいは私はあなたの存在からどちらへ逃げるでしょうか？
もし私が天に昇ったら、あなたはそこにいますし、
もし私が地獄に寝床を設けても、見よ、あなたがそこにいます。
もし私が朝の翼を駆って、
海の果てに住んだら、
そこでもあなたの手は私を導き、
あなたは右手で私を摑むでしょう。
もし私が「きっと暗闇が私を覆うでしょう」と言えば、
夜ですら、私の周りは明るくなるでしょうし、
それどころか、暗闇はあなたから隠れることはなく、
夜は日中と同じく照らし、

暗闇も光も、あなたにとっては同じであって、
それは汝が私の手綱を取っているからです。
雄鹿が水の流れを渇望するように、
私の魂は汝、おぉ、神を渇望します。
私の魂は生きている天なる父を渇望しています。
法は私の光と救いであり、
私は誰を恐れるでしょうか？
法は岩であり、私の生命の強さであり、
私は誰を恐れるでしょうか？
私がひとつ法に願ったのは
私が求めるであろうこと、
それは、生涯にわたって
私が法の家に住まい、
天なる父の美を見つめられますようにということです。
いと高き方の隠れ場に住まう者は
全能の神の陰の下にいるでしょう。
私たちは法についてこう言うでしょう。
「汝は私たちの避難場所、安全な場所であり、
私たちは聖なる法を信じるでしょう」

そして天なる父は、
その羽で私たちを覆い、
その翼の下で私たちは信用するでしょうし、
父の真実が私たちを保護する盾となるでしょう。
私たちは夜の恐ろしいものも、
昼に飛んでくる矢も、
暗闇を歩く悪疫も、
真昼に荒廃させる破壊も、恐れることはありません。
私たちは日中に
大地なる母に仕える天使たちとともに歩き
夜に私たちは
天なる父に仕える天使たちと心を通わせ
太陽が南中するとき、
私たちは七倍の平和の前に静かに立っているでしょうし、
しかも私たちに降りかかる害悪はなく、
災いが私たちの住まいに近づくことは一切ないでしょうが、
それは、父が私たちを天使たちの道に留めるよう、
自らの天使たちに託したからです。
天なる父は、私たちの避難場所であり、強さです。

ですから、私たちは、
大地が取り去られても、
山々が海の真ん中に運び去られても、
その水が大声を上げて乱れても、
山々が膨らんで揺れても、
恐れることはないでしょう。
永遠の海へと流れる川があります。
その川の傍に聖なる生命の樹は立っています。
そこに私の父は住まい、私の家は父のなかにあります。
天なる父と私はひとつです。

聖なる法

汝、おぉ、聖なる法よ、
癒やしの樹と呼ばれ、
永遠の海の真ん中に立つ
生命の樹。
強力な癒やしの樹、
私たちが請う
あらゆる種を託す
完全な癒やしの樹。

汝らは知らなかったのですか。汝らは聞かなかったのですか。
原初から汝はそれを教えられませんでしたか。
汝の目線を高くし、
永遠で、至高の明るい場所の前に確立され、

大地の基盤を創造し、
最初と最後であり、
光の子らの心に宿る
聖なる法を見つめなさい。
法は偉大ですから、
天なる父が、その御使いよりも偉大であるがごとく、
父は私たちに法を与える者で、父は法であり、
大地の深い場所は父の手のなかにあり、
丘陵の強さもまた父です。
海は父のものであり、父が海を作り、
その手は乾燥した土地を形作ります。
さあ、崇拝して平伏しましょう。
天なる父の前に跪きましょう。
父は法ですから、
私たちは父の牧草の民であり、
父の手の羊です。
喜びの歌とともに、光の子らは
聖なる法を請い、
病はその前から飛び失せ

死も飛び去り、
無知も飛び失せます。
自惚れ、軽蔑、熱狂、
中傷、不和、そして邪悪さ、
あらゆる怒りと暴力、
そして嘘の言葉は
みな聖なる法の力の前から飛び去ります。
ここに法があり、
それは、あらゆる病を打ち倒し、
あらゆる死を打ち倒し、
人間を抑圧する者たちを打ち倒し、
自惚れを打ち倒し、
軽蔑を打ち倒し、
熱狂を打ち倒し、
あらゆる中傷を打ち倒し、
あらゆる不和を打ち倒し、
最悪の邪悪さを打ち倒し、
無知を地上から追放します。
私たちは呪文や祈り、

聖なる法の強さと活力を祝福します。
私たちは、
法を教え、法の光を人の子らにもたらそうと
暗闇の王国で戦う光の子らの
スピリット、良心、魂に祈ります。
私たちは、光の王国の基盤を強化する
良い思考、良い言葉、良い行いの勝利を祝福します。
あらゆる良い思考、言葉、行いを
考え、話し、行う人の子らを
天に自宅のように住まわせなさい。
そして、邪悪な思考、言葉、行いを
考え、話し、する人たちは、
混沌のなかにとどまらせなさい。
純粋さは人のためのもの、生命に次ぐものであり、
善良のなかの最善であり、
純粋さは聖なる法にあり、
牧草を山々に生やし、
人の心を清らかにします。
良い思考、良い言葉、よい行いでもって

火を浄め、
水を浄め、
大地、
星々、月、そして太陽を浄め、
信心深い男女を浄め、
永遠無窮の光を浄め、
大地なる母の王国と
天なる父の王国を浄め、
聖なる創造物である
法によって作られた良きものを浄めなさい。
物質世界の宝物を手に入れるため、
おぉ、人の子らよ、
法の世界を捨ててはいけません。
物質世界の
宝物を手に入れるために、
自身のなかで法の世界を破壊する者には、
そのような者は生命力も
法も、
天上の光も

持たないような人でしょう。
しかし、天使たちとともに歩み、
聖なる法に従う者は、
あらゆる良きことを手に入れるでしょうし、
生命の樹が立っている
永遠の海に入るでしょう。
法の聖餐は完璧で、
魂を暗闇から光へと変えますし、
法の証は間違いがなく、
方法を単純にします。
法の規則は正しく、心を喜ばせ、
法の戒律は純粋で、
目を明るくします。
法の真実は汚れなく、永久に続きます。
光の子らに天と地の間の
いたるところで栄えさせてください！
祈りながら聖なる法を言葉に出しましょう。
汝の住居はなんと美しいのでしょう、
おぉ、天なる父よ！

私の魂は、永遠の海の真ん中に立つ
生命の樹を待ち焦がれ、
それどころか、気が遠くなります。
私の心と肉が生きる神を求めて叫びます。
しかも、スズメは家を見つけ、
ツバメは自らの子を育てる
自分の巣を見つけました。
同胞団の庭で労働する
光の子らは
聖なる法にとどまり、
そこに住まう子らは祝福されます。

天使たち

天なる父は、
自らに仕える天使たちに
汝に関する責任を与え、
永遠の海の
真ん中に立つ
生命の樹の上ですら、
天使たちは、
自らの手のなかで汝を支えるでしょう……

法の叡智に対して、
法の抑制しがたい力に対して、
そして健康の力に対して、
天なる父と

大地なる母の栄光に対して、
七倍の平和の
恩恵と救済のすべてに対して、
私たちは聖なる天使たちを讃えます。
私たちは彼らのために
私たちを天なる父の目に良きものとして映るようにしてくれる彼らの
聖餐を讃えます。
法の成就は、
願望を力強く、堂々と果たしているように見え、
朽ちることなく神聖で、
七人と七人がみな同じ思考をし
七人と七人がみな同じ話をし
七人と七人がみな同じ行いをする
天使たち、
まぶしく聖なる者たちと一致します。
その思考は同じであり、
その話は同じであり、
その行いは同じであり、
その父は同じであり、

すなわち、天なる父です！
お互いの魂を理解し、
大地なる母の王国と
天なる父の王国を
同胞団の庭で労働する光の子らにもたらす天使たち。
豊かな大地と、
そして天なる父の全創造物の制作者であり管理者であり、
形成者であり監督であり、
番人であり保護者である天使たち！
私たちは、善良で、力強く、情け深い天使たち
天なる父と大地なる母の
光の！
空の！
水の！
地上の！
植物の！
光の子らの！
永遠の聖なる創造物の天使たち！
に祈ります。

私たちは、
天なる父の
思考と教えにまず耳を傾けた
天使たちを崇拝し、
その天使たちが民族の種を形成しました。
私たちは、
私たちの父エノクの額にまず触れて、
永遠の海の真ん中に永遠に立つ
生命の樹に至る
七つと七つの道を通って
光の子らを導いた
天使たちを崇拝します。
私たちは、あらゆる天使、
大地なる母の物質的世界の
善良で、利他的で寛大な天使たち、
見えない領域の天使たち、
天なる父の天上界にいる天使たちを崇拝します。
私たちは、永久に祝福する不死の天使たち、
壮麗な容貌のきらめく者たち、

天なる父の高貴で献身的な被造物、
不滅で神聖なその被造物たちを崇拝します。
私たちは、まばゆく華麗で
寛大で、
正しく支配し、あらゆる物事をきちんと整える聖なる天使を崇拝します。
同胞団の庭で労働しながら
聖なる天使たちを称賛する歌を歌う
光の子らの喜びの声を聞いてください。
私たちは、水、土地、植物、
この大地、そして天、
聖なる風、聖なる太陽と月
始まりのない永遠の星々
そして、天なる父の聖なる被造物すべてへの喜びとともに歌います。
私たちは、天の秩序である
聖なる法、
昼と夜、
天の秩序の柱である
暦年や季節への喜びとともに歌います。
私たちは、日中の天使たち、

暦月の天使たち、
暦年の天使たち、季節の天使たち、
善良で、利他的で
天の秩序を維持し、保って、
常に祝福している不死の天使たちを崇拝します。
私たちは、あらゆる善良の中の最善である
聖なる法ゆえ、
力強い天使たち、
天の秩序の天使たち全員に近づきたいと願います。
私たちは、よく考えられた思考、
よく話された言葉
よく行われた行い
慈悲深い、不死の天使たち、
自らの正しいルールを実行する人々に贈ります。
私たちは、そのささげ物を
日中の天使たちと
夜間の天使たち、
神聖なマインドとともに永久に住まう
ずっと生きている人、ずっと役に立つ人に

差し出します。
善良で、利他的で寛大な
天なる父、
そして大地なる母に仕える天使たちが
同胞団の庭で、
自らの聖なる足で歩み、
そして、人の改善を促すため、
そして豊かな成長のために、
大地のように広大で
川のように遠くまで伸び、
太陽のように高い
天使たちの神聖なギフトである癒やしの力とともに、
天使たちが私たちと手に手を取って進みますように。
それは、そこから年をとることも死ぬことも決してなく！
朽ちることもなく、ずっと生き、ずっと増えつづける
世界を修復します！
聖なる天使たちです。
そして生命と不死が訪れ、
世界は修復されるでしょう！

創造が不滅を育て、
天なる父の王国は栄え、
邪悪は朽ちてしまうでしょう！

同胞団

見よ、光の子らが
仲良くともに住まうことが、
どれほどすばらしく、どれほど心地よいか！
同胞団のために
天なる父は、
法を自在に操ってきました。
生命すらも永遠に。

法は同胞団の庭に、
光の子らの心を照らすために、
永遠の海の真ん中に立つ
光の子らの前に
七つと七つの道をまっすぐ生命の樹へと至らせるために、

植えられ、
法は、光の子らが、
真実と偽りのスピリット、
光の泉から生まれた真実、
暗闇の井戸からの偽りを認識するように、
同胞団の庭に植えられました。
真実の子らみなの領地は
その子らが光の道を歩むよう
強大な光の天使たちの手のなかにあります。
光の子らは法のしもべであり、
天なる父は子らを忘れません。
父は厚い雲のように子らの罪をぬぐい取り、
子らの心のなかに真実のキャンドルを灯しました。
歌いなさい、おぉ、汝ら天よ、
声を挙げなさい、汝ら大地の低い部分よ、
さあ歌い始めなさい、汝ら山々、
おぉ、森よ、そこの木々のひとつひとつよ、
天なる父が、光の子らの心のなかに
自らの炎を起こし、

子らのなかの自分自身を賛美したのです。
創造主の聖なる法は、
強い突風が
平原を拭うように
光の信奉者らから
いかなる邪悪な思考、言葉、行いも拭い去ります。
強く願う光の子には、
日中の第一時から最終時まで、
夜の第一時から最終時まで、
子のマインドに知性が増え、
その魂が聖なる法のなかで強く大きくなるように、
聖なる言葉を教えてください。
夜明けの時間に、
子は朝日を凝視し、
自らの大地なる母を喜んで迎えます。
夜明けの時間に
子は冷たい水で自らの身体を洗い、
自らの大地なる母を喜んで迎えます。
夜明けの時間に

子は香しい空気を吸い
自らの大地なる母を喜んで迎えます。
一日を通して
子は同胞団の庭で
兄弟たちとともに労働するでしょう。
黄昏どきには
兄弟同士集まって、
そして私たちの父と、さらにその代々の父の聖なる言葉を
私たちの父エノクの言葉についてまでも、
ともに学ぶでしょう。
そして星々が天高く上るとき
子は天なる父の聖なる天使たちと
交流するでしょう。
そして子の声は、喜びとともに
最大にまで高まり、こう言います。
私たちは創造主を
あらゆる良きもの、すなわち良いマインドを
法を、
不死を

聖なる生命の火を
作る者を崇拝します。
私たちは法に対して
言語の叡智、
聖なる話、行い、正しく話される言葉をささげます。
天なる父よ、
私たちが豊かさを
汝が創造された世界に降ろすことを
私たちが飢えも渇きも
汝が創造された世界から取り去ることを
私たちが老いも死も
汝が創造された世界から取り去ることをお許しください。
おぉ、すばらしく、最も情け深い天なる父！
私たちが
法に従って考えることを
私たちが
法に従って話すことを
私たちが
法に従って行うことをお許しください。

おぉ、天なる父よ、
偉大さと善良さで
最も価値ある呪文は何でしょうか。
それは、おぉ、光の子らよ、
目が覚めて起きるとき、
同時に、
良い思考、良い言葉、そして良い行いをすると明言し
邪悪な思考、邪悪な言葉、邪悪な行いを拒絶するときに、
もたらされます。
光の子が踏み出した
最初の一歩により、
その子は良い思考の楽園、
叡智の聖域に入りました。
光の子が踏み出した
次の一歩により、
その子は良い言葉の楽園、
愛の聖域に入りました。
光の子が踏み出した
三歩目により、

その子は良い行いの楽園、
力の聖域に入りました。
光の子が踏み出した
四歩目により、
その子は無限の光の中に入りました。
天なる父は光の子らの心を知り、
それは永遠に継承されるでしょう。
光の子らは邪悪な時にも恐れることがなく、
空腹の日々にあって満足しているでしょう。
なぜなら、生命の泉が光の子らとともにあります
天なる父が自らの子らを見捨てることはないからです。
子らの魂は、永遠にずっと生きつづけ
その体は永遠の生命を授けられるでしょう。
自らのあらゆる方法で正しく歩み
法と運命をともにしてきた
光の子らへの天恵。
法が光の子らにあらゆる良きことを与えますよう
あらゆる悪から子らを守りますよう、
生命の事柄への洞察で

子らの心を照らしますよう、
そして、永遠なるものについての知識によって、美しく飾られますように。

木々

かつて天地創造から間もなかった頃、
大地は巨木に溢れ
その枝は雲を超えて伸び、
そこには古代の父祖たち、
天使たちとともに歩み、

高く伸びる木々の方へ行き、
美しく、高く伸びて力強い
その一本の前で、
汝はこう言いなさい。
汝に歓迎を！
創造主によって作られた
おぉ、生ける良き木よ。

聖なる法によって生きていた者たちが住んでいました。
木々の枝の陰で、誰もが平和に
終わりなき啓示のもとに暮らし、
叡智と知識はその人たちのものでした。
その森を通って永遠の川は流れ、
その中心に生命の樹が立ち、
その人たちから隠されてはいませんでした。
その人たちは大地なる母の食卓で食事をし、
天なる父の腕で眠り、
木々の約束は未来永劫にわたって聖なる法とともにありました。
その当時、木々は人の兄弟たちであり、
地上での一生はとても長く、
未知の源泉から
途切れることなく流れる
永遠の川と同じ長さでした。
今、砂漠が大地を焼け付く砂で掃き、
巨木が塵や灰となり、
広い川には泥がたまっています。
人の子らが創造主との神聖な契約を反故にし、

その木々の家から追放されたからです。
今、生命の樹に至る道は、
人の目から隠され、
かつて高い枝がそびえた
空虚な空を悲しみが満たしました。
今、焼けつく砂漠へと
同胞団の庭で労働するため
光の子らが来ます。
不毛の土に子らがまいた種は、
力強い森となり、
木々は増え、
全地が再び覆われるまで
緑の翼を広げるでしょう。
全地が庭となり、
そして高い木々が地面を覆い
その日、光の子らは新しい歌を歌うでしょう。
私の兄弟、木よ！
私自らをあなたから隠れさせるのではなく、
私たちの大地なる母が私たちにくださった

生命の息を私たちに共有させてください。
絨毯職人の技による
最高級品よりも美しいのは、
私の素足の下に広がる緑の葉の絨毯であり、
裕福な商人の絹の天蓋よりも威厳があるのは、
私の頭上を覆う枝のテントであり、
その向こうから明るい星々が光をもたらしてくれます。
イトスギの葉の間を抜ける風は、
天使たちのコーラスのような音を出します。
ごつごつしたオークの木と高貴なスギの木を通して
大地なる母は天なる父に
永遠の生命のメッセージを送りました。
私の祈りは高い木々に届き、
天に向かって伸びるその枝は
私の声を天なる父に届けるでしょう。
ひとりひとりの子らのために、汝は、
女性の子宮が生命をもたらすように、
汝の大地なる母の子宮が
生命をもたらしますようにと、

木を植えるでしょう。
木を破壊する者は、
自らの四肢を切り落としたのです。
ですから、地上が再び庭になるとき
光の子らはこう歌うでしょう。
聖なる木、法の神聖なギフト！
あなたの威厳は、同胞団の庭である
真の家から離れ出た
者みなを再び結びつけます。
人はみな、あなたが広げる枝の下で
再び兄弟となるでしょう。
天なる父が自らの子らみなを愛したように、
私たちは自分たちの土地に生える
木々を愛し、世話をし、
高く強く成長するよう木々を守り保護して、
大地を再び木々の美しさで満たすでしょう。
木々は私たちの兄弟であり、
兄弟として、
私たちはお互いを護り愛するでしょう。

星々

白く輝く
遠くに見える星々よ！
突き刺すような、健康をもたらす、
遠くまで貫く星々！
その光輝く光線、
その明るさと栄光、
そのいずれもが汝の聖なる法を貫いて、
汝の称賛を声に出す者、
おぉ、天なる父！

天の全面に
天なる父は自らの力を投げかけ
そして見よ！　父はその跡として星々の川を残したのです！

私たちは、恐ろしいものすべてを洗い流し、
全被造物に健康と生命をもたらす
明るく輝かしい星々に祈ります。
私たちは、天なる父が
千の感覚を与えた
明るく輝かしい星々に、
自らの内にある輝かしい星々と、
生命と水の種に祈ります。
明るく輝かしい星々に
叡智、力、そして愛とともに、
発言、行い、そして正しく発せられた言葉とともに
私たちは祈りをささげ、
矢が天の空間を飛ぶように速く
天の海へと飛ぶ
明るく輝かしい星々に
私たちは生贄をささげます。
私たちは、際立って美しく、
お互いに心を通わせるようにと
心地よさと喜びを広める

明るく輝かしい星々に祈ります。
聖なる業、
星々、惑星を持つ恒星たち、そして
光を連れてくる
色とりどりの夜明けはみな、
天の秩序を通して、
あなたの称賛を口に出す者であり、
おぉ、偉大なる授与者、聖なる法！
私たちは星々の主を、
光の天使を、
常に目覚めている者を呼び覚まし、
その者は、美しく、広く拡大する法を
気高く、そして力強く所有し、
その顔は
七つと七つの地上の王国すべてを見わたし、
その者は速いなかでも速く
寛大ななかでも寛大で、
強者のなかでも強い
拡大を与える者、

主権を与える者、
快活さと至福とを与える者です。
私たちは星々の主を、
千の耳と万の目を持ちと、十分な知識を持ち、
力強く、永遠に目覚めていて、
真実を話す天使を呼び覚まします。
天の秩序は純粋なものすべてにしみわたり、
それに星々が属し、
その光を輝かしい天使たちがまといます。
偉大なのは私たちの天なる父であり、その力は偉大です。
父の理解は計り知れません。
父は星々の数の話をし、
父はその星々をそれぞれの名で呼びます。
星々の高さをよく見なさい！
なんと高いのでしょう！
それでも天なる父は、
私たちが手で砂をふりまくように
星々をその手のひらに握ります。
聖なる法を知らない者は、

未知の空の暗闇のなかを
さまよう星のようです。
汝は、天空を見る方法が
ひとつしかないと考えるのでしょうか。
汝らは星々が、空にある壊れた場所でしかなく、
そこを通じて鮮やかな光の断片のなかで
天の栄光が明らかにされると思っているのでしょうか。
紫色の夜に、
星々が絶え間なく横切り
光の子らの魂は
翼を駆って天なる父に仕える天使たちに加わるでしょう。
そして永遠の海に
天の輝く栄光が映り、
生命の樹の枝は星々に届くでしょう。
そして天の王国は
全地を栄光で満たし、
いと高きの輝く星々は
光の子らの心の内側で燃え上がり、
探求する人の子らを温め、慰めるでしょう。

月

自身の内側に
多くの種《しゅ》の種《たね》を持ち
光放つ月へと、
生贄とともに
請い願いなさい……

月光が暖かさを増すと、
春の季節に
黄金色の植物が地上に育ちます。
私たちは新月と、
満月に生贄をささげ
新月後の弦月は聖なる平和で満たされ
私たちは平和の天使に生贄をささげます。

明るく光を放つ月は
自身の内側に種を持ち、
それは輝き、華麗で
水を与え、
温もりを与え、
叡智を与え、
思慮深さを与え、
新鮮さを与え
癒やしをもたらす、平和の月！
平和をもたらす静かな光とともに
私たちの大地という庭の
牧草の上、住まいの上、
水の上、土地の上、植物の上で
月は輝きます。
始まりがなく、
自らが決め、自ら動く
月と太陽、
聖なる風と星々は、
みな、昼と夜、そして年月の

聖なる秩序を調整するものです。
月の表面は見た目が変わっても、
月であることに変わりなく、
聖なる法が別の顔を
光の子らひとりひとりに明かしても、
その神髄は不変であるのと同じです。
私たちは新月と、欠けていく月、
夜と、毎年の祭りと天なる父の季節を散り散りにする
満月を呼び覚まします。
神は月を与えた者だったからであり、
月は満ち、そして欠け
月を通して私たちは
昼の動き、夜の動きを知るのです。
汝、銀色の光を放つ月よ！
私たちは、汝を見ることができ、
汝の反射する光の中に
私たちの大地なる母の清められた表面を見ることができ
感謝しています。
人の子らの世界のなかで、

光の兄弟たちは、煌めく炎であり、
星々が明るく輝く月が出ているときに、色あせるのと同じです。
月は明るく輝きながら空をわたっていき、
聖なる法を喜べば、私たちの心は満たされます。
平和、平和、平和、
聖なる平和の天使は、
みながその美しさを眺め、
汝の永遠の平和を感じるよう、
銀色の月を汝の神聖さで照らします。
砂漠の空は夜は青く、
私たちは新月の最初の光線が
清浄で美しいことを知ります。
「平和が汝とともにありますように！
平和が汝とともにありますように！」と言いながら、
そして兄弟たちが互いに挨拶をします。

称賛と感謝の賛美歌

感謝しています、天なる父よ、
というのも、あなたが私を永遠の高みへと上げ、
そして私は平野という奇跡の中を歩くからです。
大地の深いところから
あなたの永遠の仲間にたどり着くため、
あなたは私を導きました。
大地の天使たちの軍に加わるために、
あなたは私の身体を浄化し
天国の天使たちの集会にたどり着くために
私のスピリットを浄化しました。
あなたは朝に夕に
楽しい歌で
あなたの御業を称賛するため
人に永遠を与えました。

おぉ、汝らみな、天の秩序の業《わざ》よ、
汝らは法を祝福し、
永遠に、何よりも、法を褒め称えてください。
おぉ、汝ら、天よ、汝らは法を祝福し、
永遠に、何よりも、法を褒め称えてください。
おぉ、汝ら、天なる父に仕える天使たちよ、
そして汝ら、大地なる母に仕える天使たちよ、
汝らは法を祝福し、
永遠に、何よりも、法を褒め称えてください。
おぉ、汝らみな、天の上にある水よ、
汝らは法を祝福してください。
おぉ、汝らみな、聖なる天使たちの全勢力よ、汝らは法を祝福してください。
おぉ、汝ら、太陽と月よ、汝らは法を祝福してください。
おぉ、汝ら、天の星々よ、汝らは法を祝福してください。
おぉ、雨としずくの一つひとつよ、汝らは法を祝福してください。
おぉ、汝らみな、風よ、汝らは法を祝福してください。
おぉ、汝ら、火と熱よ、汝らは法を祝福してください。
おぉ、汝ら、冬と夏よ、汝らは法を祝福してください。
おぉ、汝ら、光と闇よ、汝らは法を祝福してください。

おぉ、汝ら、雪のしずくと吹雪よ、汝らは法を祝福してください。
おぉ、汝ら、夜と昼よ、汝らは法を祝福してください。
おぉ、汝ら、雷《いなずま》と雲よ、汝らは法を祝福してください。
おぉ、汝ら、山々と小高い丘よ、汝らは法を祝福してください。
おぉ、汝らみな、地上で成長するものたちよ、汝らは法を祝福してください。
おぉ、汝ら、泉よ、汝らは法を祝福してください。
おぉ、汝ら、海と川よ、汝らは法を祝福してください。
おぉ、汝ら、クジラ、そして水の中を移動するあらゆるものよ、
汝らは法を祝福してください。
おぉ、汝らみな、空の鳥たちよ、汝らは法を祝福してください。
おぉ、汝らみな、獣と家畜よ、汝らは法を祝福してください。
おぉ、汝ら、人の子らよ、汝らは法を祝福してください。
汝ら、光の子らのスピリットと魂よ、
汝らは法を祝福してください。
おぉ、汝ら、聖なるつつましやかな労働者たちよ、
同胞団の庭で、汝らは法を祝福してください。
おぉ、全地に法を祝福させてください！
おぉ、天なる父に感謝し、
そして汝らは父の法を祝福してください。

おぉ、法を崇拝する汝らみなよ、
天なる父と
大地なる母と、
聖なる天使たちみなを称賛し、
感謝をささげてください。
法は永続するからです。
私たちは日ごと夜ごとに法を崇拝します。
天なる父に呼びかけてください！
大地なる母に呼びかけてください！
聖なる天使たちに呼びかけてください！
光の子らに呼びかけてください！
私たちの聖なる父エノクに呼びかけてください！
過去、現在、または永久に存在する聖なる創造物全体に呼びかけてください！
私たちは明るく輝かしい星々に生贄をささげ、
私たちは最高の空に生贄をささげ、
私たちは無限の時に生贄をささげ、
私たちは、創造主の崇拝者であり、
同胞団の庭で労働する光の子らの、
良き法に生贄をささげ、

私たちは聖なる法の道に生贄をささげます。
私たちは見えない世界の
聖なる天使たちみなに生贄をささげ、
私たちは物質世界の
聖なる天使たちみなに生贄をささげます。
おぉ、天なる父に、その良さに感謝し、
おぉ、天使たちの神に感謝し、
おぉ、光の主に、その永遠に続く慈悲に感謝してください。
独りで偉大な奇跡を行う者に、
叡智によって天を作られた者に、
水の上に大地を広げた者に、
天で偉大な光を作られた者に、
太陽に日中の支配をさせ、
月と星々に夜の支配をさせた者に、
その永遠に続く慈悲に
終わりのない称賛と感謝をささげてください。
私たちは天地創造時に始まり、
巨木の時代の地上にあった
古代の聖なる宗教を称賛し、

創造主の、
まばゆき者の、そして栄誉ある者の
聖なる宗教が
私たちの父エノクに啓示しました。
私たちは創造主を
生命の火を
神聖な良き水を
まばゆい太陽と月を
光り輝き、栄誉ある星々を称賛します。
そして何より私たちは、
創造主、私たちの天なる父が、
私たちに与えた
聖なる法を称賛します。
それは、広大な緑の大地である
聖なる私たちの居住地を作る法です。
汝ら、法を称賛してください！
法は壊れた心を癒やし、
その傷をつなぎ合わせます。
法は偉大であり、偉大な力を持ち、

その理解は無限です。
法はくじけた人の気持ちを上げ、
邪悪な人を意気消沈させます。
感謝して法に歌い、
雲で天を覆い
大地に雨を降らす準備をし、
山々に草をはやす法に
ハープで称賛を歌ってください。
私たちは良き思考、
良き言葉、
良き行為を声に出して称賛します。
私たちは汝のところに行き、おぉ、汝ら、寛大な不死の人たちよ！
私たちは汝のところに行き、天なる父と大地なる母に仕える天使たちである
汝を絶賛して汝を呼び覚まします！
私たちは天の秩序たる聖なる主、
大地のあらゆる良き被造物の創造主を称賛します。
そして私たちは、時の始まりよりも古い
私たちの父エノクの発する言葉を
エノクの古代の純粋な宗教を、

信仰を、教えを崇拝します。
私たちが私たちとして存在している間、
同胞団の庭が存続している間は
私たちは私たちが生きている限り法に歌い、
私たちは私たちの天なる父に称賛を歌うでしょう。
私たちの天使たちとの聖餐は甘く、
私たちは法を喜ぶでしょう。
汝、法を祝福してください、おぉ、私の魂よ。
汝らは聖なる法を称賛しなさい。
法が私たちの声と
私たちの嘆願を耳にするため、
光の子らは法を愛します。
あらゆるものを聞く耳には、私たちに向けられた法がありますから、
私たちは、生きているかぎり法を求めます。
法は私たちの魂を死から解放し、
私たちの目を涙から、私たちの足を転倒から解放しました。
私たちは生きている者たちの土地で、
同胞団の無限の庭の道で、法の前を歩むでしょう。
人の子らの日々は、草のようであり、

野原の花のように、咲き誇り、そのように栄えます。
風は花々の上を通り過ぎますが、
法の慈悲は永遠から
永遠へと法に従う者たちに施されます。
天なる父を祝福してください、汝らはみな父に仕える天使であり、
汝らは父のしもべ、父を喜ばせる者です。
主が支配する場所すべてで
主を、その御業すべてを祝福し、
主を祝福してください、おぉ、私の魂よ。
おぉ、天なる父、汝はきわめて偉大です！
汝は名誉と威厳とをまとっています。
汝自身を衣類で覆うように光で覆い、
天をカーテンのように広げ、
水中に高殿の梁《はり》をわたし
雲を戦車にし、
風の翼の上を歩み
父の天使たちのスピリット、
父の光の子らを燃えさかる火にして、
地上の基礎を築いた人の子らの心に真実の火を灯します。

天なる父を祝福してください。おぉ、私の魂よ！

嘆き

深いところから私はあなたに叫びました、おぉ、主よ。
主よ、私の声を聞いてください！

私の祈りを聞いてください、おぉ、主よ、
そして私の叫びをあなたに届けさせてください。
私が困っている日中に、
あなたの顔を私から隠さないでください。
すぐに答が欲しい日中に、
あなたの耳を私に傾けてください。
私の日々は煙のように使い果たされ、
私の骨は暖炉のように燃やされます。
私のハートは打ちひしがれ、草のようにしおれ、
そのため私は自分のパンを食べるのを忘れました。

私の苦しみの声ゆえに、
私の骨は私の皮膚にへばりついています。
私は荒野のペリカンのようであり、
私は砂漠のフクロウのようです。
私はスズメとなって、
屋根の上から独り眺めます。
私の日々は傾く影のようで、
私は草のようにしおれています。
おぉ、私の神、私の日々のなかで私を連れ去らないでください。
天は汝の手仕事です。
天が滅びても、汝は存続するでしょう。
悪者の魂による
第一歩は、
その悪者を邪悪な思考の地獄に落としました。
悪者の魂による
第二歩は、
その悪者を邪悪な言葉の地獄に落としました。
悪者の魂による
第三歩は、

その悪者を邪悪な行いの地獄に落としました。
悪者の魂による
第四歩は、
その悪者を終わりのない暗闇に落としました。
私は、汝が何でもできること、
汝の目的はいかなるものも制限されないことを知っています。
今私の目は汝を見ていて、
そのために私は自分自身を忌み嫌い、
屈辱を受けて悔い改めます。
悪者である人の子らは、
自らに対して罪を犯し、
自らの邪悪な思考、邪悪な言葉、邪悪な行いの地獄は、
自分自身で作り上げた地獄だからです。
しかし私の苦痛と苦い涙は
創造主に対して罪を犯し、
偉大な樹の聖なる王国から
追放された
私たちの古代の父祖たちに対するものです。
そのために私は、

失われた庭の美しさと、
生命の樹の枝で歌っていた
鳥の歌の消えてしまった甘美さに対して、
涙を流し、顔を悲しみで隠すのです。
私にご慈悲を、おぉ、神よ、
そして、私の罪を清めてください。
私たちの心の喜びは終わり、
私たちの踊りは哀悼に変わります。
冠は私たちの頭から落ちていて、
災いなるかな、私たちは罪を犯したのです!
このため、私たちの心は弱々しく、
そういう物事のため、私たちの目はかすんでいます。
汝、おぉ、天なる父は永遠にそのままで、
代々汝の王座についています。
なぜ汝は私たちを永遠に忘れ、
これほどまで長い時間、私たちを見捨てるのでしょうか。
汝は私たちを汝、おぉ、主の方に向けさせ、
私たちの日々を昔のようによみがえらせてください。
高潔も慈悲もない場所で

砂漠の野生の獣たちが横たわり、
獣たちの家は悲嘆にくれた被造物たちでいっぱいでしょう。
フクロウたちがそこに住んでいるでしょうし、
ジャノメチョウたちがそこでダンスをするでしょう。
野生の獣たちは荒れ果てた自分たちの家で叫ぶでしょう。
私を洗ってください、おぉ、主よ、私は雪よりも白くなるでしょう。
私に喜び、うれしさを聞かせ、
汝の顔を私の罪から隠し、
私のあらゆる悪行をぬぐい取ってください。
私に清い心を創造してください、おぉ、神よ。
そして私の内側の正しいスピリットを一新してください。
私を汝が存在しないところへ追い払わず、
汝の聖なるスピリットを私から取り上げないでください。
汝の無限の庭の喜びを私に取り戻させ、
汝の聖なる天使たちをして私を支えてください。
私に諸悪を、あらゆる不浄を
火から、水から
地上から、木々から、
誠実な男性から、誠実な女性から、

星々、月、太陽から
無限の光から
そして、その所産が聖なる法である
汝、おぉ、天なる父によって作られた
あらゆる良きことから
追い払わせてください。
バビロンの川のほとりに
私たちは腰を下ろし、シオンを思い出して
私たちは涙を流しすらしました。
私たちは私たちのハープを柳に立てかけました。
私たちはどうやって、邪悪な土地で主の歌を歌うのでしょうか。
もし私が汝を忘れたら、おぉ、エルサレムよ、
私の右手に彼女の狡さを忘れさせましょう。
もし私が汝を覚えていなかったら、
私の舌を上あごに引っつけさせましょう。
バビロンは世界の奴隷であり、
シオンは同胞団にあって自由だからです。
おぉ、主よ、私は汝に叫ぶでしょう！
火が荒野の草をむさぼり食い、

炎が野の木々を焼き尽くしたからです。
野の獣たちも叫びますが、
それは、水の川は干上がり、
火が荒野の草を
むさぼり食ったからです。
土地に住まうものをみな震え上がらせてください。
それは、主の日が訪れ、
それはすぐそこにあるからです。
暗闇で陰鬱な日
曇りの日と濃い暗闇の日、
大地が揺れ
そして天が震える日。
太陽と月は暗くなり、
星々は輝きを消していくでしょう。
深いところから、私たちは汝に叫びます、おぉ、主よ！
主よ、私たちの声を聞いてください！

神託

その日、地獄は自ら拡大し、
自らの口を限りなく広げ、

よく聞きなさい、我が民よ、
私に耳を傾けるのです！
汝の目を天の方へと上げ、
そして下にある大地を眺めなさい。
天は煙のように消え失せ、
大地は衣のように古びていき、
そこに住む者たちは、
同じように死んでいくでしょう。
しかし私の王国は永遠であり、
私の法が廃止されることはないでしょう。

邪悪な者の栄光、自惚れ、そして壮麗さが、
その中へと落ちるでしょう。
そして、火が刈り株を呑み込み、
炎がもみ殻を焼き尽くして、
その根は腐り、
その花は塵となって舞い上がるように、
卑しい人はくじかれ、
力のある人は卑しめられたと悟るでしょう。
彼らが天の秩序の聖なる法を捨て去り、
光の子らの言葉を見下したからです。
その日、人は土地に目を向け、
暗闇と悲しみのみを眺めることになり
天の光は暗くなるでしょう。
民のリーダーたちは自らの民に過ちを犯させ、
そのリーダーに導かれる者たちは破滅するでしょう。
誰しもが偽善者であり悪人でもあり、
どの口も愚言を飛ばすからです。
邪悪さが火のように燃え、
茨《いばら》や棘《とげ》を呑み込むでしょう。

それは森の茂みに火をつけ、
煙が立ち上るように上昇するでしょう。
法の懲罰を通じて
土地は暗くなるでしょうが、
人がこれを自らを作り上げたのです。
そして人々は、火の燃料になるでしょうし、
誰も自らの兄弟を容赦しないでしょう。
聖なる法を守ってこなかった者たちに災いあれ！
自惚れの君主に災いあれ！
俗世の物事に対する煩悩に身を焦がし、
悪事で身を持ち崩し、
反抗的な民、嘘つきな民であって、
主の法に耳を貸そうとせず、
先覚者たちには予見するなと言い、
預言者たちには、正しいことではなく、
あたりの良いことを話して偽りを預言せよと言う民であるがゆえに、
予見を誤り、判断をためらった者たちに災いあれ！
邪悪な命令をする者たちと、
彼らが命じた嘆かわしさを書き記す者たちに災いあれ。

大地の真ん中に
人がひとりでいられる余地がなくなるまで
家に家を建て連ね、
畑に畑を増し加える者たちに災いあれ！
朝早く起きて天使たちと交流することをせずに、
夜まで強い酒を飲んで
ぶどう酒のにおいでのぼせ上がるまで過ごす者たちに
災いあれ！
悪を善、善を悪と呼び、
闇を光、光を闇だと思う者たちに災いあれ。
困窮者を返り見ず、
貧しき者から権利を奪い
寡婦を自らの餌食にし、父なし子をさらう者たちに災いあれ！
そうすると
法の裁きによって
主の手が大枝を切り落とし
背の高いものたちは切り倒され、
高慢な者たちはくじかれるでしょう。
汝ら声を轟かせよ、法の日は手近にあるからであり、それは、全能の神から破壊としてやってくるでしょう。
ですから、どの手も弱くなり、
どの人の心も溶けていくでしょう。
そして、彼らは恐れ、
心痛と悲哀が彼らを捉え、
産気づいた女性のように痛みに襲われ、
お互いに驚いて
顔は炎のように火照るでしょう。
見よ、主の日訪れ、
復讐とはげしい怒りの両方で無慈悲となり、
土地を荒れ果てさせ、
主がその罪人たちをその罪ゆえに滅ぼすでしょう。
その日には、
主が高位にいる者たちの軍勢と、
地上の地の王たちを罰するでしょう。
彼らは、囚人たちが穴のなかで身を寄せるように
集まって、牢獄のなかで黙るでしょう。
主は自らの場所から出てきて、
降りてこられ、

地上の高い所を踏まれるでしょう。
火の前の蠟のように、
水が急斜面を流れるように、
山々は主の足元で溶け、谷は裂けるでしょう。
月は消え、太陽は雲に隠れるでしょう。
天の星々とその星座は、
光を放たず、
太陽は姿を現しても暗く、
月は自らの光を輝かせないでしょう。
法の懲罰の日に、
主の激怒の日に、
主は天を揺さぶり、
大地はその場所から離れるでしょう。
輝く町々は廃れ、
砂漠の野生の獣たちがそこに横たわって、
干し草は腐敗し、牧草は枯れ、
全地に緑色のものはなくなるでしょう。
その日には、強い町々が
物寂しい木の枝のようになり、

雹《ひょう》の大嵐が、
嘘の避難場所を一掃し、
怒りの水が
悪人の隠れ場所に氾濫するでしょう。
塔が倒れる、
大虐殺の日には、
どの高い山の上にも、
どの高い丘の上にも、
川や小川があるでしょう。
その日には、月の光が
太陽の光のようになり、
太陽の光は七倍になるでしょう。
見よ、法の名前が遠くから来て、
熱い怒りで焼き、
その荷は重く、
主の唇は憤りに満ちて、
主の舌は焼き尽くす火のようです。
激しい火の炎で、
大雨と、大嵐と、雹とで、

主は自らの腕力を示すでしょう。
人の子らが法に背いたため、
土地には何もなくなり、まったく機能しなくなるでしょう。
混乱の町は破壊され、
どの家も締められ、誰もなかに入れないようです。
通りでは人が泣き叫び
喜びはみな陰鬱になり、地上の歓喜は去りました。
高い所の窓が開いていて、
地上の土台が揺れているため、
恐れの騒音から逃れる者は
穴に落ち、
穴のなかから出てくる者は
罠にかかるでしょう。
地上は完全に破壊され、
地上はすっかり溶け、
大地は大いに移動します。
月はうろたえ、
太陽は恥じ、
大地は飲んだくれのようにあちこちへよろめき、

落ちたまま、再び上がってくることはないでしょう。
天の軍勢はみな解散し、
天は巻物のように巻き込まれ、
その軍勢はみな
ブドウの木から葉が散るように、
イチジクの木から実が落ちるように転落するでしょう。
海の水は消え、
川はしだいに干上がるでしょう。
小川は樹脂に変わり、
砂ぼこりは硫黄に変わり、
その土地は焼けるような樹脂になるでしょう。
煙は夜も昼も消えず、
誰もそこを通らないでしょう。
しかし、貪欲な人とゴイサギ（五位鷺）が
土地を所有し、
フクロウもカラスもそこに住むでしょう。
その上に広がるのは、
混乱の道筋と、空虚の石です。
彼らは王国にその身分の高い者たちを召喚するでしょうが、

しかし、そこには何もなく、
王子たちはいずれも役に立たないでしょう。
宮殿のなかには茨が現れ、
その要塞にはイラクサとキイチゴが現れて、
龍の住みかと
フクロウの中庭となるでしょう。
平和の大使はひどく悲しみ、
交通路は廃れるでしょう。
森の栄光は衰え、
肥えた畑や木々も、
子どもでも数えられるほど少ないでしょう。
見よ、
地上にあるものすべて、
汝の父たちが蓄えてきたものすべてが、
煙のなかに巻き上げられる
その日が来るでしょうし、
それは汝らが汝の天なる父と
汝の大地なる母を忘れ、
汝らが聖なる法を破ったからです。

どうか、あなたが天を裂いて下り、
山々があなたの目の前で崩れ落ちるように。
あなたの手があなたの法の力を示したとき、
山々はあなたの目の前で崩れ落ち
溶岩が燃えました。
見よ、私たちが罪を犯したため、あなたは激怒しています。
私たちが荒海のようであり、それが収まらないとき、
海の水は泥と汚れを打ち上げます。
私たちは信じているふりをして、嘘をつき、
私たちの足は邪悪に走り、
私たちの道は汚れて破壊されています。
私たちは盲人のように手探りで歩み
私たちは昼間に、夜のようにつまずき、
私たちは死人のように寂しい場所にいます。
しかし今、おぉ、天なる父、あなたは私たちの父であり、
私たちは粘土であり、あなたは私たちの焼き物師であり、
私たちはみな、あなたの民です。
あなたの聖なる町々は荒野であり、
あなたの森は消耗し、

あなたの大地はみな荒れています。
私たちの神聖で美しく、
私たちの父たちがあなたを称賛した家は、
火で焼かれます。
私たちの父エノクの古《いにしえ》の言い伝えすら、
塵と灰のなかで踏みにじられます。
私は大地を見て、そして、見よ、
それは形なく、空虚で、
天にも彼らにも光はありませんでした。
私は山々を見て、そして、見よ、山々が震え、
丘はみな、簡単に動いた。
私は見て、そして、見よ、人も、
天の鳥たちもみなおらず、
私は見て、そして、見よ、
主の目の前で、主の激怒によって、
肥えた場所が荒野になって、
そこの町々がみな破壊されていました。
主はこう言ったのです。
全地が荒れ果てるでしょうが、

私は完全に終わらせることはしません。
見よ、法の手は縮まらず、
それでは救えず、
しかも、法の耳は重く、
それでは聞けず、
砂漠から、私は種を持ち出し、
その種は
同胞団の庭にまかれ、
その種はよく育ち、
光の子らが高い草と実を結ぶ木々で
不毛の土地を覆うでしょう。
彼らは古く荒廃した場所を築き、
荒廃した町、
何世代にもわたる荒れ地を修復するでしょう。
彼らは破れを繕う者たち、
道を修復して住めるようにする者たちと呼ばれるでしょう。
彼らは主の頭を飾る栄光の冠、
法の手に握られた王冠になるでしょう。
荒野と寂しい場所は、

彼らにとっては嬉しく、
砂漠は喜んで、バラのように花開くのです。
それは咲き誇り
喜びと歌によって歓喜するでしょう。
目の見えない者の目は開き、
耳の不自由な者の耳は開かれ、
足の不自由な者は雄ジカのように跳ね、
口のきけない者の舌は歌い、
荒野では水が噴き出し、
砂漠に水が流れるでしょう。
干上がった地面は水たまりとなり、
乾いた土地に水が湧き出るでしょう。
交通路はそこにあり、道もあり、
法の道と呼ばれるでしょうし、
汚れた者がそこを通り過ぎることはなく、
それは、光の子らが
生命の樹が立つ隠れた場所に至る
永遠の川をわたるためのものとなるでしょう。
人の子らは地上に戻り、

頭上に歌と永遠の喜びを戴《いただ》き、
無限の庭にやってきて、
人の子らは喜びと嬉しさを手に入れ、
悲しみとため息は消え失せ、
最後の日々には、
主の家の山が
山々の頂に立ち、
丘よりも高くなって、
地上の人の子らはみな、そこに流れ着くでしょう。
多くの人々は行って、こう言うでしょう。
「汝ら来なさい、主の山に、
聖なる法の礼拝所に登りましょう。
そうすれば聖なる天使たちが私たちに、
天なる父と、
大地なる母の道を教えてくれ、
私たちは高潔な人の道を歩むでしょうが、
それは、同胞団の庭の外に、
法が、主の言葉が、
光の子らから発せられるからです。

主は国々の間で判断を下し、
多くの人々を非難し、
人々は自らの剣をすきの刃に打ち変えて、
自らの槍を刈り込み鎌に打ち変えて、
国は国に対して剣を上げてはならず
いずれももう戦争に頼ってはなりません。
荒野で声を上げて叫んでいる
兄弟たちの声を聞き、
汝らは法の道を準備してください！
私たちの神のために砂漠に交通網を敷いてください！
どの谷も隆起し、
どの山も丘も低くなるでしょう。
曲がった道はまっすぐに、
でこぼこ道はなめらかに、
天なる父の声が耳に届き、
私ですら法であり、私のほかには誰もいません。
そのうえ、その日が去る前、私は天なる父であり、
私の手から救出できる者はいません。
私のことをよく聞きなさい、おぉ、光の子らよ！

私は神であり、私は最初であり、私は最後でもあります。
私の手はさらに地上の基礎を固め、
私の右手は天を回転させた。
私のことをよく聞きなさい、おぉ、光の子らよ！
高潔を知る汝らは
心が私の法である私の子らは、
汝らは喜んで外に出て、平和とともに導かれるでしょう。
山々と丘陵は、
汝らの前で突然、歌い出し、
野原の木々はみな拍手するでしょう。
立ち上がり、輝いてください、おぉ、光の子らよ！
私の光は汝に当たり、
法の栄光が
新しい地に立つでしょう！」

エッセネ派の平和福音書

第四巻

選民の教え

Book Four

The Teaching of the Elect

『第四巻　選民の教え』目次

エッセネ派の平和福音書　第四巻　序文

エドモンド・ボルドー・セーケイが、バチカン秘密文書館で見つけた古代の写本『エッセネ派の平和福音書　第一巻』の訳書を初めて出版したのは、一九二八年のこと。彼自身が著書“The Discovery of the Essene Gospel of Peace（エッセネ派の平和福音書の発見）”のなかで書いているように、それは無限の忍耐と申し分のない奨学金、そして的確な直観の結果でした。この古代の写本の英語版が世に出たのは一九三七年でしたが、それ以降、この小さな本は世界中を旅し、さまざまな言語に翻訳されています。読者は年々増え続け、現在までに、商業広告を一切していないにもかかわらず、米国だけでも百万部を売り上げています。初のフランス語版が出てから五十年を経て、ようやく第二巻と第三巻が発売されましたが、この二冊も今ではエッセネ派文献の名作となっています。

第四巻である『選民の教え』は、セーケイ博士が一九七九年に逝去されたことを知る読者にとっては驚きとなるかもしれません。もし、私が同じく哲学者か学者か、あるいは考古学者であれば、少しは説明もできたでしょうが、私は博士の忠実な助手、秘書でしかありません。博士が私に残した指示は至極明快で、「私の死後二年経ったら、『エッセネ派の平和福音書　第四巻』を出版するように」でしたから、私は現在、先生のご要望を実行しています。

バチカン公文書館にアラム語の、ハプスブルク宮廷図書館（現在はオーストリア政府所有）に古スラブ語の写本が存在しますが、この第四巻『選民の教え』もその断片です。出版が遅れた理由については、セーケイ博士が、この永遠の真実の鮮明な現実を、翻訳者の存在にさえ邪魔されずに、単独で存在させたかったのだろうと推察することしかできません。博士は実際、一九三七年に刊行された第一巻のロンドン版初版の序文で「私たちは、ほかの部分に先駆けてこの部分をすでに発行しました。苦しんでいる人類が今いちばん必要としている部分だからです」と書かれています。〔訳注：本合本版の第一巻には、これに該当する序文は含まれていません〕おそらく同じように、問題を抱えた四十四年後のこの世界もまた、『エッセネ派の平和福音書　第四巻』を必要としています。

さらに博士はこうも書いています。「このテキストに付け加えるべきものは何もありません。説明すら不要なほど明白です。この後に続くページを集中して読み進める者は、人類が現在、かつてないほど緊急に必要としている深遠な真理の永続的な生命力と、強力な証拠を感じ取ることでしょう」

「そして、真理は自らその証人となるでしょう」

ノーマ・ニルソン・ボルドー

一九八一年、コスタリカ、オロシ

エッセネ派聖餐《せいさん》式

イエスは光の子らを川岸に集め、隠されていたことを詳《つまび》らかにするということがありました。太陽の天使と水の天使が開花の時をもたらすと、蕾《つぼみ》がほころんで花開くように、七年という期間が過ぎ、その一つひとつが実在のものとなる準備が整ったからです。

そして、子らはみなそれぞれに異なっており、成年の者、未だみずみずしい青春期にある者、父の伝統に則って育てられた者、はたまた父と母が誰か知らぬ者もいました。しかし、みなに共通していたのは目の輝きと身体のしなやかさであり、この二つが、子らが大地なる母に仕える天使たちとともに七年間歩み、法に従ってきたことの印でした。そして七年間にわたり、天なる父に仕える未知の天使たちは、眠っている間の子らに教えを説いてきました。今、子らが選民の同胞団に入り、エノク以前の者も含め、年長者らの秘密の教えを学ぶ日が来ました。

そしてイエスは光の子らを川岸にある古代の木へと導き、年月を経て節くれだった根が、川べりに広がっているところに跪《ひざまず》きました。光の子らも同じく跪き、敬虔な気持ちで古《いにしえ》の木の幹に触れました。木々は人の子らの兄弟たちであると教えられていたからです。母は同じ、その木の樹液と人の子の身体にその血液が流れている大地なる母です。父は同じ、その法がその木の枝に書かれ、その法が人の子の額に刻まれている天なる父です。

そしてイエスは手を伸ばして木に触れ、こう言いました。「見よ、永遠の海の中央に立つ生命の樹を。身体の目のみならずスピリットの目でも、川の源泉に、干ばつの土地での生きた泉に、生命の樹を見なさい。奇跡の永遠の庭を、そしてその中心で生命の樹、神秘中の神秘が、永遠に成長していくために不朽の枝を伸ばし、その根を永遠の源から流れ出る生命の川へと沈めているのを見なさい。スピリットの目で、回りながら燃えている永遠の光の炎で果実を守る昼の天使たちと夜の天使たちを見なさい」

「見よ、おぉ光の子らよ、生命の樹の枝が天なる父の王国に向かって伸びているのを。そして、生命の樹の根が大地なる母の胸のなかへと下りているのを。そして、人の子が永遠の高みにまで引き上げられ、平野の奇跡のなかを歩みます。人の子だけが、自らの身体のなかに生命の樹の根を抱えていて、その同じ根が大地なる母の胸から乳を飲み、人の子だけが、自らのスピリットに生命の樹の枝を抱えていて、その同じ枝が空に、天なる父の王国にまでも届いているのです」

「そして七年間にわたってあなた方は、大地なる母に仕える天使たちとともに朝から晩まで労働し、七年間にわたってあなた方は、天なる父の腕のなかで眠っていました。そして今、あなた方は大いに報いられ、あなた方には異言の能力《たまもの》が与えられるでしょう。あなた方の大地なる母の全権を自らに引き寄せ、母に仕える天使たちに関して権威をもち、母の王国のすべてを支配するよう。そしてあなた方が自分たちの天なる父の目も眩《くら》むような栄光を自らに引き寄せるよう、父に仕える天使たちに命令し、天の王国で永続する命にあずかるように」

「そして七年間にわたってその言葉たちは、あなた方に与えられませんでした。異言の能力を用いて金を求める者も、自らの敵を支配する者も、もはや光の子ではなく、悪魔の子であり、暗闇の生き物だからです」

「純粋な水だけが、太陽の光を映すことができるのです。汚物まみれになった水とかすみは何をも映すことができません。人の子の身体とスピリットが大地なる母と天なる父に仕える天使たちとともに七年間歩めば、その子は、真昼の太陽の下で流れる川のようになり、輝かしい宝石のまばゆい光を映します」

「聞きなさい、光の子らよ、私はあなた方に異言の能力を伝えます。朝にあなた方の大地なる母に、夕にあなた方の天なる父に話しかけることによって、あなた方はますます地と天の王国との調和に近づくでしょう。人の子が時の始まりからその運命にあった調和です」

「私はあなた方に、深く神秘的な物事を知らせるでしょう。つまり、あらゆるものは神を通して存在し、神から外れているものはありません。ですから、あなたの心に命じなさい。あなたが神の存在がある光の道を歩むよう」。

「あなたが朝、目を開けたら、あなたの身体が太陽の天使にまだ呼ばれていないうちであっても、自分自身に次の言葉を言って、それを自分のスピリットに反響させなさい。スピリットの言葉に生命がなければ、その言葉は死んだ木の葉のようなものなのですから。ではこう言いなさい。『私は永遠無窮の神秘の庭に入り、私のスピリットは天なる父と調和し、私の身体は大地なる母と調和し、私の心は私の兄弟たち、人の子らと調和して、私のスピリットと身体と心を神聖で、純粋で、救いとなる教え、エノクに知られている古い教えにささげます』」

「この言葉が自分のスピリットに入ったら、安息日の後の最初の朝に、こう言いなさい。『大地なる母と私はひとつです。母の息は私の息、母の血液は私の血液、母の骨、母の肉、母の腸、母の目と耳は、私の骨、私の肉、私の腸、私の目と耳です。私は決して母を見捨てず、母は常に私の身体を養い維持してくれるでしょう』。そうすればあなたは、大地なる母の力があなたの身体のなかを流れるのを感じるでしょう。雨ので膨らみ、大きな音とともに駆け抜ける川のように」

「安息日の翌々日の朝には、こう言いなさい。『大地の天使よ、私の種を実り多いものにして、あなたの力で私の身体に生命を与えてください』。あなたの種が新しい生命を創造すると、草のなか、土のなか、土から育つあらゆる生き物のなかにある大地の天使の種が大地を駆け抜けます。知りなさい、おぉ、光の子らよ、あなたの種を子らのなかに作る同じ大地の天使が、小さなどんぐりをこの力強いオークの木にして、人の子のパンのために種をつける小麦を育たせることを。そしてあなたの身体の種は、女性の身体に入って生命を創造する必要はありません。大地の天使の力によって外側の身体の生命だけでなく、内なるスピリットの生命をも創造できるからです」

「安息日から三日目の朝には、こう言いなさい。『生命の天使よ、力強く私の身体の四肢に入りなさい』。この言葉とともに生命の樹を抱き、私がこの兄弟のオークを抱くと、あなたは生命の天使の力が自分の腕、足、身体のあらゆる部分に流れるのを感じ、春に樹液が木のなかを流れると、それが樹幹の外を流れたときには、生命の天使が大地なる母の力とともにあなたの身体に溢れるでしょう」

「安息日から四日目の朝には、こう言いなさい。『喜びの天使よ、地上に降りて、大地なる母と天なる父の子ら全員に美と喜びを注ぎなさい』。そうすればあなたは、雨後の花畑に行って、大地なる母に花の甘い香りをありがとうと言うでしょう。つまり、花には人の子の心に喜びをもたらすほかに目的などないのです。そしてあなたは、新しい耳で鳥の歌を聞き、新しい目で日の出と日没の太陽の色を見ると、大地なる母のその贈り物のいずれによっても、不毛の地に突然、泉が湧き出るように、喜びがあなたの内側に湧き出るでしょう。そしてあなたは、天なる父の前には、喜びの天使が通さなかった者は誰もたどり着けないことを知るでしょう。喜びのなかで地上が創造され、喜びのなかで大地なる母と天なる父が人の子を産むからです」

「安息日から五日目の朝には、こう言いなさい。『太陽の天使よ、私の身体に入り、私に生命の火のなかに浴させてください』。そうすればあなたは、朝日の光線が身体の中心点に射し込むのを感じるでしょう。そこは、昼の天使たちと夜の天使たちがまじりあう中心で、太陽の力があなたのものとなり、身体各所に向けられ、天使たちがそこに宿るのです」

「安息日から六日目の朝には、こう言いなさい。『水の天使よ、私の血液に入り、生命の水を私の身体に与えてください』。そうするとあなたは、川の急流のように水の天使の力があなたの血液に入り、小川のように大地なる母の力があなたの血液を通って身体の隅々にまで届けられるのを感じるでしょう。それは癒やしのためにあり、水の天使の力はとてもすばらしく、あなたが話しかけると、水の天使はその力をあなたが言ったとおりのところへと送ってくれるでしょう。神の天使たちが人の子のなかに住まっていれば、あらゆることが可能だからです」

「安息日から七日目の朝には、こう言いなさい。『空気の天使よ、私の呼吸とともに入り、生命の空気を私の身体に与えてください』。おぉ、光の子らよ、空気の天使は天なる父の使者であり、その天使が通させないために、神の面前には誰も来ることはできないことを知りなさい。私たちは、呼吸をしていても空気の天使に気づかないのです。それは私たちが、暗闇の子らが思考をせずに生きているように、思考せずに呼吸しているからです。しかし、生命力があなたの言葉のなか、あなたの呼吸のなかに入ると、あなたが空気の天使を呼び覚ますたびに、天なる父に仕える未知の天使たちをも呼び覚まし、あなたはますます天の王国に近づいていくのです」

「安息日の夕方には、こう言いなさい。『天なる父と私はひとつです』。そして光の子らよ、目を閉じ、眠っている間に天なる父の未知の領域に入りなさい。するとあなたは星々の光を浴び、天なる父があなたを手に抱え、あなたの内側に知識の泉を湧き出させるでしょう。降り注ぐ命の水、溢れる愛、すべてを包含する溢れる叡智、永遠の光のすばらしさのように。そしてある日、あなたのスピリットの目が開き、あなたは何もかも知るでしょう」

「安息日翌日の夕方には、こう言いなさい。『永遠の生命の天使よ、私のもとに舞い降り、私のスピリットに永遠の生命を与えてください』。そして光の子らよ、目を閉じ、眠りのなかですべての生命がつながっているさまを見つめなさい。日が出ている時間には私たちの足は地についていて、飛ぶための翼はありません。しかし私たちのスピリットは、地上に縛り付けられてはおらず、夜が来るとともに、私たちは大地への束縛を克服し、永遠なるものとともになるのです。人の子は自身で思うものがすべてではなく、スピリットによる目でのみ、私たちは、私たちといたるところのあらゆる生命とを結びつけている黄金の糸を見ることができます」

「安息日の翌々日の夕方には、こう言いなさい。『創造作業の天使よ、地上に降りて、人の子らみなに豊かさを与えてください』。この最強の、天なる父に仕える天使たちは、動きを引き起こすものであり、生命は動のなかにのみ存在します。光の子らよ、同胞団の庭で働き、天の王国を地上に創造しなさい。あなた方が働けば、あなた方が神を見るようにと、創造的な仕事の天使があなた方のスピリットの種を育み、実を熟させるでしょう」

「安息日から三日目の夕方には、こう言いなさい。『平和、平和、平和、平和の天使よ、常にいたるところにいてください』。生きとし生けるもののなかに、あなたの行うことすべてのなかに、あなたが話す言葉すべてのなかに、平和の天使を探しなさい。平和はあらゆる知識、あらゆる神秘、あらゆる生命の鍵だからです。平和のないところには、サタンが君臨しています。暗闇の子らは何よりも、光の子らから平和を盗むことを切望しています。ですから、行きなさい。この夜に、平和の天使の衣である黄金の光の流れに行きなさい。そして、理解を超越する神の平和を朝に持ち帰るのです。この完璧な平和によって、あなたが人の子らの心を慰めるように」

「安息日から四日目の夕方には、こう言いなさい。『力の天使よ、私のもとに舞い降り、私の行いを残らず力で満たしてください』。太陽がなく、地上に生命がないのはまさに、力の天使がおらず、スピリットの生命がないのと同じです。あなたが考えていることと、あなたが感じていることは、紙に言葉が書かれただけの死んだ聖典、あるいは死人の死んだ言葉のようです。しかし光の子らは考えるだけでも感じるだけでもなく、行動もするでしょうし、その行動は、春の緑の葉が夏に黄金の果実を結ぶためにあるように、子らの思考と感情を満たすでしょう」

「安息日から五日目の夕方には、こう言いなさい。『愛の天使よ、私のもとに舞い降り、私の感情を残らず愛で満たしてください』。天なる父と大地なる母と人の子がひとつになるというのは、愛によるものなのです。愛は永遠です。愛は死よりも強いのです。毎夜、光の子らは愛の天使の聖水を浴びる必要があります。朝とともに彼はやさしい行い、やさしい言葉でもって、人の子らに洗礼を施すでしょう。光の子の心が愛に浴するとき、親切でやさしい言葉だけが発せられるからです」

「安息日から六日目の夕方には、こう言いなさい。『叡智の天使よ、私のもとに舞い降り、私の思考を残らず叡智で満たしてください』。光の子らよ、あなたの思考は、嵐をも貫き通し、大木をもばらばらに引き裂く稲妻の閃光より強力であることを知りなさい。あなたが天使と語らう方法を学ぶために七年間待ったのはこのためです。あなたが自分の思考の強さを知らないからです。ですからこれからは、考えること、話すこと、行うことのすべてに叡智を使いなさい。つまり叡智なしに行われることは、騎手のいない馬のようであり、口から泡を吹き、狂ったような目をして、大きく開いた割れ目へと一目散に走ります。しかし叡智の天使があなたの行いを支配していれば、未知の領域へと続く道ができ、秩序と調和があなた方の生命を支配します」

「いずれも光の子らに与えられている天使たちとの聖餐式であり、大地なる母によって浄化された身体と、天なる父によって浄化されたスピリットとともに、光の子らは、一日が巡回するなか、決まった順序で、いくつもの時代にわたって絶えず天使たちに命令し、天使たちに仕えます。つまり、代々ずっとつづく、光源から光が到来し、夕方になって光が去り、そして暗闇が去って日中がやって来るという順序です」

「真実は光の泉から、嘘は暗闇の井戸から生まれます。光の天使は真実の子らを治め、光の道を歩むのです」

「法と運命をともにし、あらゆる道を正直に歩む光の子らすべてに祝福を。法があらゆる良きこととともにあなた方を祝福し、あなた方を諸悪から守り、人生の諸事への洞察によってあなた方の心を照らし、永遠の物事の知識によってあなた方を光輝あるものとします」

平和の三日月が山から顔を出し、細長く輝く光が川の水のなかで輝きます。そして、光の子らはひとりの人間として跪き、イエスの言葉に畏敬と感謝の念をささげました。イエスは、エノクがかつて教えを受けたときのように、彼らの父たちの古代の方法で彼らに教えを説きました。

イエスはこう言いました。「法は、光の子らに癒やしと豊かな平和、長寿、永遠に続く祝福の実り多い種、永遠の光の不滅性のなかにある永遠の喜びを褒美として与えるために据えられました」

「昼が来ると私は母を抱きしめ、夜が来ると私は私の父とつながり、夜と朝が去るとともに私は父と母の法を吸い込み、時の終わりまでその聖餐を邪魔することはありません」

名もなき草葉の生命という贈り物

それは、雨上がりの大地が若草の新芽で覆われ、エメラルドグリーンの覆いが雛の羽毛のように柔らかいテベスの月のことでした。イエスが選民の新しい兄弟たちを自分の周囲に集め、その兄弟たちが、かつてエノクに教えられたように、自らの父たちの教えを自らの耳で聞き、自らの心で理解したのは、まぶしい太陽の光があふれる朝のことでした。

イエスは小さな陶器を手に、ごつごつとした古木の下に座りました。その陶器には、あらゆる種子植物のなかでも最も申し分のない小麦の伸び盛りの柔らかい草が入っていました。陶器のなかの柔らかい草は、丘を覆い、はるか遠い草原とその先まで広がる草と植物のように生命に輝いていました。そしてイエスはその手で、小さな子どもの頭に触れるようにやさしく、陶器のなかの草を撫でました。

イエスはこう言いました。「光の子らよ、あなた方は幸せです。偉人に教えを受けたあなた方の父たちがかつてしたように、あなた方はすでに不滅の道に入り、真実の道を歩んでいるからです。あなたはスピリットの目と耳で、大地なる母の王国の景色と音、すなわち空気の天使が住まう青い空、水の天使が流れる泡立つ川、太陽の天使から流れる黄金の光を見聞きします。つまり、そのすべてがあなた方の内にも外にもあって、あなた方の息、あなた方の血液、あなた方の内なる生命の火はどれも、大地なる母とひとつなのです」

「そのなかでも、さらにはそれ以上に、あなた方の大地なる母の最も大切な贈り物は、あなた方の足元の草、しかもあなた方が何も考えずに踏んでいるその草です。つつましく温和なのは大地の天使であり、飛ぶための翼はなく、霧を貫いて黄金の光を放つこともありません。しかし、偉大なのはその強さ、広大なのはその領域であり、この天使は自らの力で大地を覆い、この天使なしに人の子らは存在しえません。誰ひとりとして大地なる母の草と木々、そして植物なしに生きることはできないのです。そのいずれもが、大地の天使から人の子らへの贈り物なのです」

「しかし今、私はあなた方に神秘的なことをお話ししましょう。というのも、名もなき草葉は、人間にとっても獣にとっても食物以上の存在なのです。それは自身の栄光をみすぼらしい外見の下に隠します。かつて支配者が、人々は物乞いにならら多くのことを話すだろうが王の前では怖じ気づいてしまうと知り、物乞いとなって統治する村を訪れたと言われているように、名もなき草葉は自身の栄光をつつましい緑のコートの下に隠し、人の子らはその上を歩み、それを耕して獣たちに餌として与えますが、その内にどんな秘密が隠されているのか、天の王国の永遠の生命の秘密すら知りません」

「しかし、光の子らは草葉に隠されたものを知るでしょう。それが、人の子らに安らぎをもたらすために、自分たちに与えられているからです。私たちは、簡素な壺、あなた方がミルクを飲んだりハチミツを集めたりするのに使っているものと同じ陶器に入ったこの一握りの小麦によって、大地なる母からまさにそう教えられているのです。今、壺は古い葉と朝露の水分をたくさん含んだ黒い土で満たされています。それも大地の天使からの最も大切な贈り物なのです」

「そして私は、水の天使をそこに入れて一握りの小麦を湿らせました。空気の天使、さらには太陽の天使もそれを抱き、この三人の天使たちの力が小麦のなかの生命の天使をも目覚めさせ、一粒一粒から芽と根が生えました」

「そして私がこの目覚めた小麦を大地の天使の土のなかに入れると、大地なる母と、母に仕える天使全員の力が小麦に入り、太陽が四回昇ると小麦の粒は草になりました。真にあなた方に告げます、これ以上に素晴らしい奇跡はないということです」

兄弟たちは、イエスの手のなかにある草の柔らかい葉片を畏敬の念とともに見つめ、ある者がこうたずねました。「主よ、その手に持っている草の秘密とは何ですか。丘や山々を覆う草とは、なぜ異なるのでしょうか」

イエスはこう答えました。「異なりません、光の子よ。世界各地のどの草も、どの木々も、どの植物も、みな大地なる母の王国の一部です。しかし、私はこの壺のなかにあなたの母の王国の小さな一部を分けました。スピリットの手で草葉に触れ、母の力があなたの身体に入るように」

「真にあなた方に告げます、大地なる母と、母に仕える天使のすべてを生んだ聖なる生命の川があります。この生命の川は、暗闇のなかを歩み、周囲に浮かぶ昼の天使も夜の天使も見ることのない人の子らの目には映りません。しかし光の子らは日中の天使と夜の天使とともに七年間も歩み、今では天使たちとの交流の秘密が知らされています。あなたのスピリットの目は開かれ、あなたは大地なる母を生んだ生命の川を見聞きして、触れるでしょう。そしてあなたは聖なる生命の川に入り、その川は無限のやさしさで、あなたを天なる父の王国の永続的な生命へと連れていくでしょう」

驚いてたずねた者もいました。「主よ、どうすれば私たちにそんなことができるのでしょうか。この聖なる生命の川を見聞きし、触れるために、私たちはどんな秘密を知らなければならないのでしょうか」

イエスは答えませんでした。ただ、壺のなかで育っている草葉に、まるで小さな子どもの額であるかのようにやさしく両手を当てました。イエスが目を閉じると、イエスの周囲には、夏の暑さで雲ひとつない空の下で光が震えるように、太陽のなかで揺らめく光の波がありました。兄弟たちは、イエスの座っている姿から流れ出る天使たちの力を前に畏怖を抱いて跪き頭を下げましたが、イエスは依然として静かに座り、草の葉を覆って祈るように両手を閉じました。

一時間経ったのか一年経ったのか誰もわからず、時間が止まり、まるであらゆる創造物が息を止めたかのようでした。そしてイエスはその目を開け、花の香りが空気中に満ちたとき、こう言いました。「光の子らよ、ここに秘密があります。この名もなき草葉に。ここは大地なる母と天なる父とが出会う場所であり、ここには、あらゆる創造物を生み出した生命の川があります。真にあなた方に告げます、人の子にだけ、天と地の王国の間を流れる生命の川を見て、聞いて、触れることが、与えられたのです。大地の天使の柔らかい草に手で触れなさい。そうすれば、あなた方はあらゆる天使たちの力を見聞きし、その力に触れるでしょう」

兄弟たちは柔らかい草を手に持ったまま、ひとり、またひとりと、天使たちの力を前に畏怖を抱き座りました。そして各々が、生命の川が春の嵐のあとの急流の力によって自分の身体に入るのを感じました。天使たちの力が兄弟たちの手に流れ込み、腕へと上って、北風が木々の枝を揺らすように激しく揺さぶりました。兄弟たちはみな、名もなき草葉の力、そこにあらゆる天使たちと、大地なる母と天なる父の王国が含まれていることに驚嘆し、イエスの前に座り、その教えを受けました。

イエスはこう言いました。「見よ、光の子らよ、丈の低い草を。そこに大地なる母と天なる父に仕える天使たちがみな含まれていることを知りなさい。今、あなた方は生命の川に入ります。その流れがあなた方をやがて、あなた方の天なる父の王国の永続的な生命へと運ぶでしょう」

「草のなかにあらゆる天使たちがいるからです。太陽の天使はここに、この小麦の葉の緑色の明るさのなかにいます。太陽が天の高みにあるときに、誰も太陽を見上げることはできません。明るい光を受けて人の子の目は眩むからです。そのため人の子が数多くの多種多様な緑の日陰を見わたして、そこに強さと快適さを見つけられるよう、太陽の天使は生命を与えたすべてを緑にします。つまり、生命のある緑なるものは、若い小麦の柔らかな草葉であっても、太陽の天使の力を内に秘めているのです」

「同じく水の天使も草を祝福します。というのも、草のなかには、大地なる母に仕えるほかのどの天使たちよりも、水の天使がたくさんいるからです。草を手のなかで握りつぶすと、大地なる母の血液である生命の水を感じるでしょう。日々を通じてずっと草に触れ、生命の川に入っていると、あなたは、水の天使の力によって草がよみがえるよう、土に数滴の水を与えていることになるのです」

「さらには、空気の天使が草のなかにいることを知りなさい。生きていて緑のものはみな、空気の天使の家なのです。草に顔を近づけて深呼吸し、空気の天使をあなたの身体の奥深くに招き入れなさい。オークがどんぐりに宿るように、魚が海を住み処とするように、空気の天使は草に宿るからです」

「大地の天使は草に生を与える存在であり、胎児が母から栄養を得て育つように、大地は自身を小麦の粒にささげ、小麦は芽吹いて空気の天使を抱きます。つまり、空に向かって勢いよく伸びる小麦の一粒一粒は、サタンが支配する死に対する勝利だということです。生命は常に再生するのです」

「草葉を通って光の子の身体に流れ込むのは、生命の天使です。天使の力で光の子を揺さぶります。

草は生命、光の子も生命であり、生命は光の子と草葉との間を流れ、あらゆる創造物を生んだ聖なる光の川の架け橋となるのです」

「光の子が草葉を両手に挟むとき、その身体を音楽で満たしているのは喜びの天使です。生命の川に入ることは、鳥の歌、野生の花の色、畑で新たに入れ替えられた穀物の束の香りとひとつになることです。つまり、人の子が心に喜びを感じないとき、その者はサタンのために労働していて、暗闇の子らに希望をもたらしているのです。光の王国に悲しみは存在せず、喜びの天使だけが存在します。ですから、光の子らが常に喜びの天使と歩み、人の子らの心を元気づけるよう、柔らかい草葉から喜びの天使の歌を学びなさい」

「大地なる母は私たちの身体を養う存在です。私たちは母から生まれ、私たちの生命は母の内にあります。ですから母は私たちに、私まさに自らの手で触れる草葉を食物として与えます。つまり、私たちの栄養になるのは、パンとなった小麦だけではありません。私たちは柔らかい草葉も食べることで、大地なる母の強さを取り入れます。しかし、葉はよく嚙みなさい。人の子の歯は獣とは異なります。草葉をよく嚙んだときにだけ、水の天使は私たちの血液に入り、私たちに強さを与えてくれます。さあ光の子らよ、あなた方の地上での日々が長く続くよう、私たちの大地なる母のテーブルからこの最も完璧な草葉を食べなさい。そういう人々が神の前に恵みを得るからです」

「真にあなた方に告げます、草葉を通じて生命の川に触れると、力の天使があなたのなかに入ります。

力の天使は生きとし生けるものを取り巻く明るい光のようであり、まさに満月の周りを囲む光の輪のようであり、太陽が空に昇るときに野原から立ち上る靄のようなものです。光の子の心が純粋で、ただ人の子らを元気づけ教えを授けるものだけを望むのであれば、力の天使は光の子のなかに入ります。さあ、草葉に触れ、力の天使が指先に入り、あなたの身体のなかを上昇し、感嘆と畏怖の念で震えるまであなたを揺さぶるのを感じなさい」

「さらに、草葉に愛の天使が存在することを知りなさい。愛は与えることにあり、偉大なのは柔らかい草葉によって光の子らに与えられる愛です。真にあなた方に告げます、生命の川は生きとし生けるもののなかを流れ、生きているものはみな、聖なる生命の川に浴しています。光の子が愛で草葉に触れると、草葉はその子に愛を返し、その子を生命の川に導き、そこでその子は永遠の生命を見つけるのです。この愛は決して消耗することはありません。その源は、永遠の海に流れ込む生命の川にあり、人の子が自らの大地なる母と天なる父からどんなに遠くはぐれても、草葉に触れると、常に愛の天使からのメッセージが送られ、その足は聖なる生命の川に再び浴するでしょう」

「見よ、叡智の天使が、惑星の動きや季節の巡り、生きとし生けるものの整然とした成長を支配するのを。叡智の天使は、柔らかな草葉を通して、光の子らの生命の川との交流を定めています。つまり、生命の川に浴しているからあなたの身体は神聖であり、それが永遠の秩序なのです」

「光の子らよ、草葉に触れ、そして永遠の生命の天使に触れなさい。あなた方がスピリットの目で見れば、草が永遠であることを真に知るでしょう。今、それは若く柔らかく、新生児の輝きがあります。それはすぐに、最初の実を結んだ若木のように高く優雅になります。そして年月とともに黄色くなり、耐えながらも頭を垂れ、収穫後には野原に横たわり、ついには枯れます。小さな陶器に、小麦の一生を丸ごと収めることはできません。しかし小麦は死ぬのではなく、褐色の葉が大地の天使に戻り、この天使が腕にこの植物を抱え、眠るように命じ、天使たちみながしおれゆく葉のなかで働きます。見よ、葉は変化するのであって死ぬのではなく、見た目を変えて再び立ち上がります。それゆえ光の子らは決して死を見ることはなく、自身が永続的な生命に変化して立ち上がることを知るのです」

「同じく、仕事の天使も決して眠らず、小麦の根を大地の天使の深いところへと送り、柔らかな緑の芽は死とサタンの支配を克服します。生命は動きであり、仕事の天使は決して動きを止めないどころか、主のブドウ畑で終わりなく労働します。草に触れるときは目を閉じなさい。光の子らよ、ただし眠りに落ちてはいけません。生命の川に触れることは、永続的な王国の永遠のリズムに触れることだからであり、生命の川に浴することは、あなたの内側にますます仕事の天使の力を感じ、地上に天の王国を創造することだからです」

「平和は、生命の川から光の子らへの贈り物です。ゆえに私たちは常に、お互いに『あなたに平和がありますように』とあいさつします。草ですら、平和の口づけであなたの身体に接します。つまり、平和はただ戦争がないことではありません。平和な川はあっという間に激流に変わったり、舟を静かに揺らすその波があっという間にその舟を岩場に打ち付けてバラバラに引き裂いたりしうるからです。

同じく暴力は、人の子らが寝ずの番で平和を守るのを怠るのを待ち伏せします。草葉に触れ、そうすることによって生命の川に触れなさい。そこにあなたは平和があること、あらゆる天使たちの力で築かれた平和があることを知ります。その平和によって、聖なる光の光線があらゆる暗闇を追放するでしょう」

「光の子らが生命の川とひとつになったとき、草葉の力は光の子らを天なる父の永続する王国に導くでしょう。そしてあなた方は、まだ聞く時期ではない神秘もあるのだと知るでしょう。永続的な王国にはほかにも聖なる川があり、つまり、天の王国を黄金の光の川が幾重にも交差し、空というドームのはるか向こうで弧を描き、尽きることがありません。光の子らは、死を知らず、天なる父の永遠の愛に導かれて、この流れに乗って永久に移動するのです。真にあなた方に告げます。ここに示した神秘は、名もなき草葉にやさしく触れ、内なる生命の天使に心を開いたとき、すべてその草葉に収められています」

「さあ、小麦の粒を集めて小さな陶器に植え、毎日、喜びの心で、あなた方を聖なる生命の川に導く天使たちと交流しなさい。あなた方は人の子らのために、その永遠の源から快適さと強さを持ち帰ります。つまり、あなた方が学ぶことはみな、あなた方のスピリットの目が見るものはみな、あなた方のスピリットの耳が聞くことはみな、真実と光のメッセージを人の子らに送らなければ、風にそよぐ中空の葦のようなものでしかありません。私たちは、木の価値をその果実によって知るからです。そして、愛するとは、永遠に、やめることなく教えることです。そのようにあなた方の父たちは、私たちの父エノクも、かつて教えられたからです。さあ、行きなさい。そして、あなた方に平和がありますように」

そしてイエスは祝福するかにように、若い草葉の入った小さな壺を差し出し、兄弟たち全員の習慣であるかのように、太陽が降り注ぐ丘に向かって川のほとりを歩きました。ほかの者たちも続き、各自がイエスの言葉を貴重な宝石のように胸に刻みました。

七倍の平和

「あなた方に平和がありますように」と、年長者は教えのために集まった兄弟たちにあいさつしました。

「あなた方に平和がありますように」と、兄弟たちが答え、みな一緒に川の土手を歩きました。そうすることが、大地なる母に仕える天使たち、すなわち空気、太陽、水、大地、生命、そして喜びの天使たちと教えを共有するよう、年長者が兄弟たちに教えを説いたときの習慣だったからです。

年長者は兄弟たちにこう言いました。「あなた方に平和についてお話ししましょう。天なる父に仕える天使たちのうち、疲れた赤ん坊が母の胸に頭をのせることを望むように、平和は世界が最も切望するものだからです。平和が欠如すると、戦争中でなくても王国は苦しみます。衝突の剣の音が聞こえなくても暴力と争いは王国にはびこります。軍隊がお互いに行軍していなくても、人の子らが神に仕える天使たちとともに歩まないとき、平和はありません。つまり、平和を知らない者たちが多く、自身の身体と闘っているのです。自らの思考と闘っているのです。その者たちが、父たち、母たち、子どもたちと平和にはいられません。友人や隣人たちと平和ではいられません。聖なる巻物の美しさを知りません。大地なる母の王国で一日中は労働しません。夜は天なる父の腕で眠ることもありません。人の子らの内側に平和は行きわたっておらず、サタンが人の子らを誘惑するのに用いる富と名声の罠であっても、最後には悲惨と苦痛のみをもたらすものを常に渇望しています。そして、私たちが生かされている聖なる法、つまり大地なる母と天なる父に仕える天使たちの道であっても、その法を知らずに人の子らは生きています」

「主よ、ではどうやって、私たちは兄弟たちに平和をもたらせばよいのでしょうか。私たちは人の子らがみな平和の天使の祝福を分かち合うことを願っているのです」と年長者の幾人かがたずねました。

すると、こう答えました。「実に、あらゆる天使たちとともに平和にある者のみが平和の光を他人に与えることができます。ですから、まず大地なる母と天なる父に仕える天使たちみなとともに平和でありなさい。嵐の風が川の水をかきまわして苦しめ、その後の静寂だけが川の水を再び穏やかにすることができます。兄弟があなたにパンを求めたときには、石を与えないよう気をつけなさい。まず、あらゆる天使たちとともに平和に生きなさい。そうすれば、あなた方の平和は与えるものによって自らを再び満たす泉のようになるでしょう。与えれば与えるほど、与えられるでしょう。それが法則です」

「人の子の住居は三つあり、その一つひとつの平和の天使を知らない神の面前には誰も来ることができません。その三つとは身体、思考、そして感情です。叡智の天使が思考を導き、愛の天使が感情を浄化し、そして身体の行為が愛と叡智の両方を反映しているとき、平和の天使がその子を天なる父の玉座へと確かに導きます。そしてその子は、サタンの力があらゆる病と不浄物もろとも三つの住居のいずれからも駆逐されるよう、力と叡智と愛が身体、思考、そして感情に行きわたるようにと、止むことなく祈らなければなりません」

「人の子はまず、自らの身体で平和を求めなさい。身体は、ただじっとして澄みわたっているときに太陽を映す山の池のようなものだからです。しかし、泥と石だらけのときには、何も映しません。神に仕える天使たちが再び身体に入って住まうよう、まず身体からサタンを追放しなければなりません。本当に、聖なる法の神殿となっていなければ、平和が身体に行きわたることはできません。ですから、痛みやひどい疫病を患っている者が、あなたの助けを求めるとき、その者には、断食と祈りによって自身を改めるように言いなさい。太陽の天使、水の天使、そして空気の天使を呼び覚まし、身体に入ってサタンの力を追い出してもらうように言いなさい。浸水洗礼と、浸水しない洗礼を示して見せなさい。私たちの大地なる母の食卓に並ぶ食べ物を食べるように言い、母からの贈り物、すなわち木々の果実、野原の草、口にしてもよい獣の乳、そして蜂の蜜を広げなさい。その者が獣の肉を食べることによってサタンの力を呼び覚ますことはありません。殺しをする者、兄弟を殺す者、そして殺した獣の肉を食べる者はみな、死の身体を食べます。死の火ではなく、生命の火で自分の食べ物を調理するように言いなさい。生きている神に仕える生きている天使たちは生きている人間にのみ仕えるからです」

「人の子は天使たちが見えず、その声が聞こえず、触れることもできませんが、どの瞬間も神の天使たちの力に包まれています。子の目と耳が法の無知とサタンの喜びへの渇望によってふさがれている間、子は天使たちが見えず、その声が聞こえず、触れることもできません。しかしその子が断食をして、あらゆる病とサタンの不浄物を一掃してもらえるよう生きている神に祈れば、その目と耳は開き、平和を知るでしょう」

「自身のなかにサタンの病を抱えているのは人の子だけでなく、その母、父、妻、子ら、仲間たちも同じなのです。誰も自分ひとりで自立することはできず、自身を通り抜けて流れる力が、天使たちのものであってもサタンのものであっても、まさに、その力はよかれあしかれ他人に働きかけるのです」

「ですからこのようにして、太陽が真昼に天高くあるときに天なる父にこう祈りなさい。『天におられる私たちの父よ、人の子らみなにあなたの平和の天使を遣わしてください。そして私たちの身体に、永遠に住まう生命の天使を遣わしてください』」

「すると人の子は自身の思考で平和を求めます。叡智の天使が自らを導くように。つまり、天と地に、人の子の思考を上回る力はありません。身体の目では見えなくても、一つひとつの思考にはすばらしい強さがあり、そのような強さで天を揺さぶることができるほどです」

「大地なる母の王国のほかのどの生き物にも、思考の力は与えられていないのです。地を這う獣と空を飛ぶ鳥はみな、自らの思考によって生きているのではなく、すべてを支配するひとつの法によって生きているからです。人の子らにのみ思考の力が与えられ、しかもその思考によって死の束縛を破ることができるのです。それを見ることができないからといって、思考には力がないなどと考えてはいけません。真にあなた方に告げます、オークの木を割く稲妻、あるいは大地の割れ目を広げる振動は、思考の力と比較すると、いずれも子らの戯れのようなものです。本当に、暗闇の思考一つひとつは、悪意のものであっても、怒りのものであっても、復讐のものであっても、風のない空の下で乾いた付け木によって広まる火のように破壊をもたらします。しかし、人は大虐殺を見ることはなく、自らの犠牲になった人たちの痛ましい叫び声を聞くこともありません。スピリットの世界がわからないからです」

「しかし、この力が聖なる叡智によって導かれるとき、人の子の思考は自らを天の王国に導いているのであり、つまりは地上に作られた楽園です。そうすると、水の急な流れが夏の暑さのなかであなたの身体をよみがえらせるように、あなたの思考は人々の魂を高めます」

「ひな鳥が初めて飛ぼうとするとき、その翼は自らの身体を支えることができず、何度も何度も地に落ちます。しかし、ひな鳥は何度も挑戦し、ある日、空高く舞い上がり、地上も巣もはるかあとにします。人の子らの思考も同じです。天使たちと長く歩むほど、そして天使たちの法を守るほど、人の子の思考は聖なる叡智のなかで強くなります。真にあなた方に告げます。人の子の思考が死の王国すら克服するその日はやって来ます。天の王国で永続的な生命にまで達し、聖なる叡智によって導かれる思考とともに、人の子らは神に到達するための光の橋を作るのです」

「ですからこのようにして、太陽が真昼に天高くあるときに天なる父にこう祈りなさい。『天におられる私たちの父よ、人の子らみなにあなたの平和の天使を遣わしてください。そして、私たちの思考に力の天使を遣わしてください。死の束縛を破れるよう』」

「そして人の子は、自らの感情とともに平和を求めるでしょう。その子の家族は、父、母、妻、子ら、そして子らの子らも、愛ある親切を喜びます。天なる父は、種と血でつながったすべての父たちよりも百倍偉大で、大地なる母は、身体でつながったすべての母たちよりも百倍偉大で、あなたの真の兄弟たちはみな、天なる父と、大地なる母のご意思に従い、血を分けた兄弟たちはそうではありません。それでもあなたは、種でつながったあなたの父のなかに天なる父を見て、身体でつながったあなたの母のなかに大地なる母を見るのでしょうか。彼らが天なる父と大地なる母の子らでないのなら、それでもあなたは天使たちと歩む真の兄弟たちみなを愛するように、血を分けた兄弟たちを愛するのでしょうか。彼らが天なる父と大地なる母の子らでないのなら、真にあなた方に告げます、私たちの弱さを知り、私たちの怒りの言葉を聞き、無防備な状態を見ている家人よりも、新しく会った人を愛する方が容易です。家人は自覚している通りの自分たちのことを知っていて、恥ずかしいからです。すると私たちは、感情が浄化されるように、愛の天使に私たちの感情のなかに入ってくることを求めます。そして、以前は焦燥と不和だったものが、調和と平和にとって変わります。まるで干上がった土地が、やさしい雨を受けて水を吸い、新しい生命によって青々と柔らかで滑らかな大地となるように」

「愛の天使に忠義を尽くすことのない人々が苦しむことは多々あり、痛ましいものです。本当に、愛のない人は、会う人、会う人、とりわけともに住む者たちに暗い影を投げかけ、その無慈悲な怒りの言葉は、悪臭を放つ空気がよどんだ水たまりから立ち上るように、自身の兄弟たちに襲い掛かります。そして兄弟たちに話しかける者に最も悩まされます。その愛のない人を包み込む暗闇が、サタンとその悪魔を招くからです」

「しかし、愛の天使を求めれば暗闇は消散していき、太陽の光がその人のところから流れ、虹の色が頭の周りをぐるぐると回り、やさしい雨がその人の指から流れ落ち、近寄る者みなに平和と強さをもたらします」

「ですからこのようにして、太陽が真昼に天高くあるときに天なる父にこう祈りなさい。『天におられる私たちの父よ、人の子らみなにあなたの平和の天使を遣わしてください。そして、私たちの種の子ら、私たちの血の子らに愛の天使を遣わしてください。平和と調和が私たちの家に永遠に住まうように』」

「そして、人の子はほかの人の子らとともに、さらにはパリサイ人や聖職者とともに、さらには物乞いや家のない人々、さらには王たちや支配者たちとともに平和を求めなさい。どんな身分であっても、どんな職業であっても、目が開いて天の王国を見ていても、まだ暗闇と無知のなかで歩んでいても、みな人の子らだからです」

「人間の正義は、受けるに値しない人に褒美を与え、無罪の人を罰しますが、聖なる法は、物乞いか王かに関係なく、羊飼いか聖職者かに関係なく、みなに平等です」

「人の子らみなとともに平和を求め、私たちが古くエノクの時代以前から聖なる法に従って生きてきたことを光の兄弟たちに知らせなさい。私たちは豊かではなく、貧しくもないからです。私たちはあらゆるもの、私たちの衣類や、土を耕すのに使っているものをも共有します。そして私たちはひとつとなり、あらゆる天使たちとともに畑で働き、みなが食べるための大地なる母の贈り物を生み出します」

「天なる父に仕える天使たちのうち最強の天使である仕事の天使は、本人にとって最良の方法で働く者それぞれを祝福し、その者は不足も余分も知らないでしょう。本当のところ、各人が自分の仕事をしていれば、大地なる母と天なる父の王国にいる人みなに豊かさがあり、誰かが自分の仕事を避けているど別の者がそれを引き受けます。私たちは労働の対価として、天と地の王国のあらゆるものを与えられるからです」

「光の兄弟たちはこれまで常に、大地なる母に仕える天使たちが喜ぶ場所に住んできました。すなわち川の近くや木々の近く、花の近く、鳥の歌声の近くであり、太陽と雨がスピリットの神殿である身体を包みます。私たちに支配者の命令に従う義務はなく、それを守ることもしません。私たちの法は天なる父と大地なる母の法であり、私たちはそれに反対することはしません。神のご意思以外に統治する者はいないのですから、私たちはむしろ、聖なる法に従って生きることに努め、あらゆる物事にある良きことを常に強めます。そうすれば暗闇の王国は、光の王国に変わるでしょう。そこには光があります。どうやって暗闇がとどまることができるでしょうか」

「ですからこのようにして、太陽が真昼に天高くあるときに天なる父にこう祈りなさい。『天におられる私たちの父よ、人の子らみなにあなたの平和の天使を遣わしてください。そして、全人類に仕事の天使を遣わしてください。聖なる仕事があれば、私たちはほかのどの祝福も求めません』」

「すると人の子は、過ぎ去った時代の知識で平和を求めるでしょう。つまり、聖なる巻物には、最も裕福な王国にあるどんな宝石や金よりも百倍すばらしく、価値がある宝があり、そこには神によって光の子らに示されたあらゆる叡智と、かつてエノクを通じて私たちまで受け継がれ、エノク以前の過去への終わりない道にあった伝統である偉人達の教えもが包含されているに違いないのです。そして、息子が父の祝福に値することを証明して父の所有物をすべて受け継ぐように、そのいずれもが私たちが継承した財産です。まことに、時間を超越した叡智の教えを学ぶことによって、私たちは神を知るようになります。真にあなた方に告げます。偉人たちは神と向き合いましたが、私たちも聖なる巻物を読んでいるとき、神の足先に触れているのです」

「私たちが一旦叡智の目で見て、聖なる巻物の時間を超越した真実を理解する耳で聞いたならば、私たちは人の子らと交わり、人の子らに教えを説かなければなりません。私たちが立場を守ろうと聖なる知識を隠し、その知識が自分たちにだけ属するものであるかのように振る舞うのは、山々の高いところに泉を見つけたのに、谷に流して人と獣の渇きを癒やすのではなく、岩や土でふさぎ、自分からも水を奪ってしまう人のようなものです。人の子らと交わり、聖なる法について話しなさい。それによって人の子らが自らを救い、天の王国に入れるように。ただし、人の子らが理解できる言葉で、心に訴える人間性に根ざした寓話のなかで話しなさい。行いは、まずは目覚めた心の願望としてあらねばならないからです」

「ですから、このようにして、太陽が真昼に高く上っているときに、あなたの天なる父に祈りなさい。『天におられる私たちの父よ、人の子らみなにあなたの平和の天使を遣わしてください。そして、私たちの知識に叡智の天使を遣わしてください。私たちが神の顔を見た偉人たちの道を歩めるよう』」

「そうすれば、人の子は大地なる母の王国とともに平和を求めるでしょう。大地なる母を敬い、その法に従う者以外は誰も、長生きすることも幸せであることもないからです。あなたの息は母の息であり、あなたの血液は母の血液であり、あなたの骨は母の骨であり、あなたの肉は母の肉であり、あなたの腸は母の腸であり、あなたの目と耳は母の目と耳だからです」

「真にあなた方に告げます、あなたは大地なる母とひとつであり、母はあなたのなかにいて、あなたは母のなかにいます。あなたは母から生まれ、母のなかであなたは生き、母へと再び戻るでしょう。それは雲から降って川に流れる私たちの大地なる母の血液であり、それは森の葉で囁き、山々からの力強い風とともに吹く私たちの大地なる母の息であり、甘く硬いのは、木々の果実のなかにある私たちの大地なる母の肉であり、強く不屈なのは、失われた時代の歩哨のように立つ巨大な岩石のなかにある私たちの大地なる母の骨です。本当に、私たちは私たちの大地なる母とひとつであり、母の法に忠実である者は、母もその者に忠実であるでしょう」

「しかし、人の子が大地なる母から顔を背け、母を裏切り、母の存在と母から生まれたことによる権利を否定すらする日がいずれ訪れます。するとその者は、母を奴隷として売り、母の肉は損なわれ、母の血液は汚され、母の息は塞がれ、その者は母の王国のありとあらゆる道に死の火をもたらし、自らの飢えによって、母からの贈り物を貪りつくし、その場所には砂漠だけが残るでしょう」

「今挙げた事柄はみな、人の子が法を知らないがために行うことであり、ゆっくりと死にゆく人が自らの悪臭を嗅ぐことはできないように、人の子は真実に対して盲目になります。人の子が大地なる母を略奪、損壊、破壊するように、自分自身をも略奪、損壊、破壊するのです。人の子は大地なる母から生まれたのであり、人の子は母とひとつであり、人の子が母に対してすることはみな、自分自身のためにすることでもあるのです」

「昔、大洪水の前には、偉人達が大地を歩き、現在では伝説でしかないような巨木が偉人たちの家であり王国でした。偉人たちは何世代分も生きました。大地なる母のテーブルで食事をし、天なる父の腕で眠り、病も、老いも、死も知らなかったからです。人の子らには、王国の栄光を残らず、永遠の海の真ん中に立つ生命の樹の隠された知識までも伝えました。しかし、人の子らの目はサタンの幻影によって、力によって、そして血によって征服する権力の約束によって閉ざされました。そして人の子は、大地なる母と天なる父とにつながる黄金の糸を切断し、身体、思考、そして感情が法とひとつであった聖なる生命の川から出て、自らの思考、自らの感情、自らの行いのみを使い始め、以前は唯一無二だった法を数百と作りました」

「そして人の子らは自ら家を出て、それ以来、石壁の裏で身を縮め、町の向こうの森の高い木々を通る風のため息を聞くことはありませんでした」

「真にあなた方に告げます、自然の書は聖なる巻物であり、あなた方が人の子らに自らを救わせ、永続的な生命を見つけさせたいのなら、彼らに、大地なる母が生きているページから法を再び読み取る術を授けなさい。法は生命のあるあらゆるものに書かれているからです。草や木々、川、山々、空の鳥、海の魚、そして何よりも人の子の内に書かれているからです。大地なる母の胸に戻ったときにだけ、その者は永続的な生命と天なる父に至る生命の川を見つけます。そのときはじめて、未来の暗い幻覚は起こらなくなるのです」

「ですから、このようにして、太陽が真昼に高く上っているときに、あなたの天なる父に祈りなさい。『天におられる私たちの父よ、人の子らみなにあなたの平和の天使を遣わしてください。そして、大地なる母の王国に喜びの天使を遣わしてください。私たちが母の腕に身体をうずめたときのように心が歌と喜びで満たされるよう』」

「ついに人の子は、天なる父の王国との平和を求めるでしょう。真に、人の子は、父という種、母という身体のもとにのみ生まれます。自身が本当に引き継いだものを見つけ、ついには王の子であることを知るように」

「天なる父は絶対的な法であり、星々、太陽、光と闇、そして私たちの魂の内にある聖なる法を形作りました。父はあらゆるところにいて、彼がおられない場所はありません。私たちが理解していることも、私たちが誰も知らないことも、あらゆるものは法に支配されています。落葉、川の流れ、夜の虫の声、いずれも法によって支配されているのです」

「私たちの天なる父の領域には、大きな屋敷が多数あり、その多くはあなた方がまだ知りえない隠されたものです。私たちの天の父の王国は広大であり、その限界を知ることができないほど広大で、事実限界などというものはないのです。それでいて、王国全体は野生の花の最も小さい露のなかに、あるいは夏の太陽の下の、草原で刈られたばかりの草の香りのなかに存在します。真に、天なる父の王国を表す言葉はありません」

「まことにもって喜ばしいのは、人の子が相続した財産です。彼をして天なる父の国へと導く生命の川に入ることが許されているのは、ひとりの人の子だけであるからです。しかしまず、その子は自らの身体、思考、感情、人の子ら、聖なる知識、そして大地なる母の王国によって平和を求めて見つけなければなりません。つまり、これは人の子を生命の川にのせて天なる父へと運ぶ舟です。その子は、理解を超えるひとつの平和、天の父の平和を知る前に、七倍の平和を得なければならないのです」

「ですから、このようにして、太陽が真昼に高く上っているときに、あなた方の天なる父に祈りなさい。『天におられる私たちの父よ、人の子らみなにあなたの平和の天使を遣わしてください。そして、あなたの王国に、私たちの天なる父よ、あなたの永遠の生命の天使に遣わしてください。私たちが星々を超えて舞い上がり、永遠に生きるように』」

そして年長者は静まり、大いなる静寂がいつのまにか兄弟たちを覆い、誰も話したいとは思いませんでした。夕暮れ前の影が川面に映り、ガラスのようにじっと動かず銀色に輝き、暗くなりゆく空には、銀線細工の平和の三日月がかすかに見えました。天なる父の偉大な平和は、不死なる愛のなかで兄弟たちをひとり残らず包み込みました。

聖なる川

あなた方はすでに輪の最も内側、神秘のなかの神秘に来ています。それは古く、私たちの父エノクが若く、地上を歩いていたころのことでした。あなた方は長年の旅のなかで巡り巡ってやってきて、常に高潔の道をたどり、聖なる法と私たち同胞団の神聖な誓いに従って生き、自らの身体を神に仕える天使たちが住まう聖なる神殿にしました。あなた方は長年にわたり、日中の時間を大地なる母に仕える天使たちとともに過ごし、長年にわたり天なる父の腕のなかで眠り、父の未知の天使たちに教えられました。あなた方は、人の子の法は七、天使たちは三、そして神は一であることを学びました。今、あなた方は天使たちの三つの法、三つの聖なる川の神秘、そしてそこを横切る古代の道を知るでしょう。そうしてあなた方は天の光に浴し、ついには神秘中の神秘の啓示、すなわちひとつなる神の法を見るでしょう。

今、日の出前の時間、大地なる母に仕える天使たちがまだ眠る地上に生命を吹き込む直前、そのとき、あなた方は聖なる生命の川に入るのです。この聖なる流れの謎を握っているのは、あなた方の兄弟の樹であり、日中、湖畔を歩くときに挨拶して抱き合うように、あなた方の思考のなかで抱き合うのは、あなた方の兄弟の樹なのです。そしてあなたはその樹とひとつになります。時の始まりに、同じく私たちはみな、万物を生んだ聖なる生命の川を分かち合いました。あなた方が兄弟の樹を抱くように、聖なる生命の川の力はあなた方の全身を満たし、あなた方はその力を前に震えるでしょう。空気の天使を深く吸い込み、息を吐きながら「生命」と言います。するとあなた方は真に、永遠の源から聖なる生命の川深くに根を沈める生命の樹となるでしょう。太陽の天使が大地を暖めると、土地と水と空気に生きる生きとし生けるものは新しい日を喜び、あなた方の身体とスピリットは、あなた方の兄弟の樹を貫いて流れる聖なる生命の川を喜ぶことでしょう。

太陽が天高く昇るとき、あなた方は聖なる音の流れを求めるでしょう。真昼の暑さの盛りには、生きとし生けるものはじっとして影を求め、大地なる母に仕える天使たちはしばらく静かにしています。そして、あなた方の耳には聖なる音の流れが入ってくるでしょう。静けさのなかでだけ聞くことができるからです。突然の嵐のあとに砂漠で生まれる流れと、急いで過ぎ去った水の轟音について考えなさい。真に、これが神の声です。たとえあなた方が知らなかったとしても。記述されているように、その始まりは音であり、音は神とともにあり、音は神でした。つまり、私たちは生まれると、耳のなかにある神の音、さらには空の巨大なコーラスの歌、決まった順番で巡る星々の聖なる歌とともに世界に入ります。それは星々の丸天井を横切り、天なる父の無限の王国をわたる聖なる音の流れです。それは絶えず私たちの耳のなかにあり、それゆえ私たちにはそれが聞こえません。ならば、耳を澄ましなさい。真昼の静寂のなかでそれを聞くのです。そして浴しなさい。あなたが聖なる音の流れとひとつになるまで、神の音楽のリズムを耳のなかで響かせなさい。この音こそが、大地と世界を形成し、山々を生み、最高の天の栄光の玉座に星々を据えたのです。

そしてあなたは音の流れに浴し、水が奏でる音楽はあなたの上を流れるでしょう。時の始まりにあたり、私たちはみな、あらゆる創造物を生んだ聖なる音の流れを分かち合ったからです。音の流れの力強い轟音は、あなたの身体を満たし、あなたはその力の前に震えるでしょう。さあ、空気の天使を深く吸い込み、音そのものになりなさい。聖なる音の流れがあなたを、世界のリズムを刻む天なる父の無限の王国に運ぶように。

暗闇が大地なる母に仕える天使たちの目をゆっくりと塞ぐと、あなたも眠りに落ちるでしょう。あなたのスピリットが、天なる父に仕える未知の天使たちと一緒になるように。寝入る直前には、明るく輝く星々のこと、白く輝き、遠くからでも見え、かなたまで光を貫く星々のことを考えなさい。眠る前のあなたの思考は、矢を思い通りに飛ばすすぐれた射手のようなものだからです。眠る前のあなたの思考は星々とともにあるように。星々は光であり、天なる父も光であり、しかもその光は千の太陽の明るさの千倍も明るい光なのです。聖なる光の川に入りなさい。死の束縛がその手を永遠に緩め、地上の束縛からも解放され、星々の鮮やかな輝きのなかを通って聖なる光の川を上り、天なる父の無限の王国に入るために。

あなたの光の翼を広げ、思考の目で見て、星々とともに語られ得ない太陽の光で煌めく天の最果てへと上昇しなさい。時の始まりにおいて、聖なる法は「光あれ」と言い、そこには光がありました。そして、あなたはその光とひとつになり、聖なる光の川の力はあなたの全身を満たし、あなたはその力を前に震えるでしょう。空気の天使を深く吸いこみながら「光」と言いなさい。そうすれば、あなたは光そのものとなり、聖なる川があなたを天なる父の無限の王国へと運び、万物を生む永遠の光の海のなかに消えるでしょう。そしてあなたは、天なる父の腕のなかで眠る前には常に、聖なる光の川とひとつになるでしょう。

真にあなた方に告げます、あなたの身体が作られたのは、呼吸し、食べ、考えるためだけではなく、聖なる生命の川に入るためでもあるのです。あなたの耳が作られたのは、人の言葉や鳥の歌、雨音を聞くためだけではなく、聖なる音の流れを聞くためでもあるのです。あなたの目が作られたのは、日の出や日没、穀物の穂波や聖なる巻物の言葉を見るためだけではなく、聖なる光の川を見るためでもあるのです。あるとき、あなたの身体は、あなたの耳と目までもが、大地なる母に戻るでしょう。しかし、聖なる生命の川、聖なる音の流れ、そして聖なる光の川はいずれも、生まれ出でたことがないため、死ぬこともまた決してありません。聖なる川、さらにはその生命、その音、そしてあなたに生を与えたその光に入りなさい。天なる父の王国に到達し、川がはるか遠い海へと流れ込むように、父とひとつになるように。

これ以上語ることはできません。聖なる流れは、言葉のない場所へとあなたを誘い、聖なる巻物でさえも、そこに神秘を記録することはできないからです。

訳者あとがき

まずは、この『エッセネ派の平和福音書』を翻訳するという、とても大切なお役目を与えていただきましたことに感謝いたします。

書名にある「福音書（原語の Gospel）」という言葉を目にすると、キリスト教の本かな？とか、クリスチャンでない人にはあまり関係ないのでは？と思われる方も多いかもしれません。本書も、書名にもなっている第一巻と、第四巻の一部には、やはりイエス・キリストの言行が記されていますが、新約聖書の福音書のように、イエスの死までをたどるものではありません。日々生活するなかで苦しかったり、なぜか体調がよくなかったり、「自分はなぜこんな目に合うのか」と思うようなことに悩まされている人たちに光明を投じてくれる、まさに「福音」の意味である「良き知らせ」を伝えてくれている一冊と言えるでしょう。

ところで、この訳書が出来上がるまで、不思議なことがありました。

訳書は原書と似たような境遇におかれるものなのか、翻訳作業を終えてから、今この「訳者あとがき」を書いている時点で、実はすでに三年以上という長い時間が経過しています（「似たような」の理由は第二巻の序文をお読みください）。しかも、私が翻訳作業を終えたのが、コロナ禍がはじまる直前も直前（二〇一九年十二月）でしたからなおさら、三年どころか、まるで別の世界にいたときに翻訳していたかのような感じすらしています。

もうひとつ、個人的に不思議だったことがあります。エッセネ派に関してはまだまだわかっていないことが多く、まして日本語でとなると、資料のようなものがほぼない状態での翻訳作業となりました。それでも、と、作業を進めるなかでいろいろ探しているうちに、まさにこの本（英語の原書）の内容を各国語で紹介する動画がYouTubeで見つかりはじめたのです。とはいえ、ただ機械翻訳しただけのものでしたから、訳語の参考になるというものとは程遠かったのですが、それでも何もない状態に比べれば、大いに励みになりましたし、進むべき道の少し先を常に照らしてもらえているような感覚を得ながら、作業を進めることができました。しかもその動画の大半は、私が翻訳作業を終えるとまもなく削除され、今では見ることができなくなってしまっています。

人が幸せに生きるとはどういうことか、そのためにはどうすればよいのか、常々考えている私に対する答えとして与えられ、なおかつそれを日本語で受け取ることができる方々へお届けするという大切なお役目を担わせていただけたことに、あらためて心から感謝いたします。約二千年前に、苦しみのさなかにある人たちが、イエスの姿を見ただけで感極まり、イエスが話し終えて立ち去ったあとも、誰もその場から立ち去ろうとしなかったように、この本を手にとってくださったみなさんも、本当に見るべきものは、目に見えるもののその奥にあるものであることを教えてくれる、現代の人類に宛てたこの「良き知らせ」を楽しんで味わっていただけたらと思っています。

最後に、この素晴らしい役割を与えてくださったナチュラルスピリット社の今井社長、そして、私の翻訳を丁寧に整え、適宜アドバイスをくださって、完成へと導いてくださった編集者の山本貴緒さんに心から感謝いたします。

あなたに平和がありますように！

二〇二四年四月

辻谷瑞穂

〔著者紹介〕

エドモンド・ボルドー・セーケイ（Edmond Bordeaux Szekely）

エドモンド・ボルドー・セーケイ（アレクサンダー・セーケイの孫息子）は、著名な詩人であり、ルーマニア、クルジュのユニテリアン派の主教であり、百五十年以上前に初めてチベット語の文法書、初めての英-チベット辞書を編纂し、無比の著作《Asiatic Researches》（『アジア研究』）を著したチョーマ・ド・ケーレスの末裔。また、インドの王立アジア協会の司書でもあり、パリ大学で博士号を取得したほか、ウイーン大学とライプチヒ大学でも学位を取得。祖国ルーマニアでは、クルジュ大学で哲学と実験心理学で教授に。サンスクリット語、アラム語、ギリシャ語、ラテン語の文献学者として高名なボルドーは、十カ国語を操る。一九二八年には、ノーベル賞作家のロマン・ロランとともに国際生物活動学会を創設。最も重要な翻訳書には、二十六カ国語で累計百万部以上を売り上げた死海写本の抜粋とエッセネ派の平和福音書のほか、『ツェント・アヴェスター』、古代メキシコの先コロンブス期の写本の抜粋がある。“Essene Way of Biogenic Living（エッセネ派の生命活動に則した生き方）”に関する晩年の作品は、世界中から関心を集めている。また、各国語に翻訳された哲学と古代文明に関するボルドーの書籍は八十冊を超える。

〔訳者紹介〕

辻谷瑞穂（Mizuho Tsujitani）

1972年兵庫県生まれ。20年以上にわたり医学や科学の分野の和訳、英訳、翻訳指導などに携わってきたが、本当にやりたいのはスピリチュアルの出版であることに氣づき、「引き寄せの法則」により出版の翻訳を引き寄せる。訳書に『現代の預言者ペーター・ダノフ　その人生と教え』（ナチュラルスピリット）、『理学療法士のための臨床測定ガイド』、『Dr.アップルの早期発見の手引き診断事典』（ともにGAIA BOOKS）などがある。

エッセネ派の平和福音書

●

2024年6月15日　初版発行

著者／エドモンド・ボルドー・セーケイ
翻訳／辻谷瑞穂

編集／山本貴緒
DTP／山中 央

発行者／今井博揮
発行所／株式会社 ナチュラルスピリット
〒101-0051 東京都千代田区神田神保町3-2 高橋ビル2階
TEL 03-6450-5938　FAX 03-6450-5978
info@naturalspirit.co.jp
https://www.naturalspirit.co.jp/

印刷所／創栄図書印刷株式会社

ISBN978-4-86451-413-2 C0010

●新しい時代の意識をひらく、ナチュラルスピリットの本（★…電子書籍もございます）

奇跡のコース★
［第一巻／第二巻〈普及版〉］
ヘレン・シャックマン 記
W・セットフォード、K・ワプニック 編
大内博 訳
世界の名著『ア・コース・イン・ミラクルズ』テキスト部分を完全翻訳。本当の「心の安らぎ」とは何かを説き明かした「救いの書」。
定価 本体各三八〇〇円＋税

愛のコース
［第一部 コース／第二部 解説書／第三部 対話］
マリ・ペロン 記
香咲弥須子 監訳
ティケリー裕子 訳
『奇跡のコース』の続編とも言われる書！ やさしい語り口ながらも深い内容を伝え、ハートの変容を促します。［第一部］定価 本体二三〇〇円＋税／［第二部］定価 本体二四〇〇円＋税／［第三部］定価 本体二六〇〇円＋税

イエシュアの手紙
マーク・ハマー 著
マリディアナ万美子 訳
『奇跡のコース』を伝えた源であるイエスから、著者が受け取ったメッセージ。人生の本質を、体験談を交えて伝える。
定価 本体一八〇〇円＋税

ホワイト・イーグルが伝えるイエス
教師にしてヒーラー
グレース・クック 著
鈴木眞佐子 訳
内なるキリスト（救世主）への道！ イエス・キリストの教えと癒しの真髄を、高次元存在「ホワイト・イーグル」が、わかりやすくシンプルに解き明かす。
定価 本体一五〇〇円＋税

イエスとブッダが共に生きた生涯★
偉大な仲間の転生の歴史
ゲイリー・R・レナード 著
ティケリー裕子 訳
生まれ変わる度に共に道を極めていったイエスとブッダ。二人の転生を通して『奇跡のコース』の本質をわかりやすく伝える。
定価 本体二四〇〇円＋税

マグダラの書★
ホルスの錬金術とイシスの性魔術
トム・ケニオン、ジュディ・シオン 著
鈴木里美 訳
マグダラのマリアが説き明かすイエスとの「聖なる関係」とは？ 『ハトホルの書』の著者がマグダラのマリアをチャネリングしたメッセージ！
定価 本体二七八〇円＋税

アンナ、イエスの祖母
叡智と愛のメッセージ
クレア・ハートソング 著
大槻麻衣子
北川隆三郎 訳
エッセネ派の秘教の真実に迫る！ イエスの祖母アンナとのチャネリングで生まれた秘められた壮大な歴史物語。
定価 本体二八七〇円＋税

お近くの書店、インターネット書店、および小社でお求めになれます。